知的生きかた文庫

できるコンサルタントがしている
ロジカルシンキングの技術

西村克己

三笠書房

はじめに

コンサルタントの仕事とはどのようなものでしょうか？　またコンサルタントに求められる能力は何でしょうか？

コンサルタントの仕事を一言で表現すると、「問題解決」になります。クライアント（依頼者、依頼企業）が自分では解決できない問題を解決することがコンサルタントの使命です。

コンサルタントの仕事は一回一回が真剣勝負、全人格的能力と問題解決力の真の実力を問われる厳しい仕事です。コンサルタントがクライアントに一瞬でもやる気のない態度を見せれば、その瞬間に信用を失い、仕事の継続が難しくなります。

このように、コンサルタントはその一挙手一投足の動きをクライアントから常に観察され、仕事の評価も厳密になされます。

クライアントとは、コンサルタントに仕事を依頼してくる人や企業のことです。コンサルタントは「顧客」という言葉は使いません。依頼をしてくる人や企業とコンサルタントはあくまで対等な関係です。

クライアントからは仕事の対価としてのお金をもらって、その上にクライアントに感謝される仕事をしなくてはなりません。通常、お礼を言うのは、物やサービスを販売する側です。しかしコンサルタントは、お金を払うクライアント側が、自らお礼を言いたくなるほどの仕事をしなければ生き残っていけないのです。

問題解決を使命とするコンサルタントに必要な能力にはさまざまなものがありますが、中でも**最も重要な中核的能力が「ロジカルシンキング」（論理思考）です。**ロジカルシンキングが使いこなせないコンサルタントは、クライアントを説得できず、問題解決をリーダーシップを発揮しながら推進することができません。

このロジカルシンキングは、コンサルタントだけでなく組織で働く人が「仕事ができる人」になるためにも不可欠な能力です。

ロジカルシンキングができると「考える」「書く」「話す」ことが得意になります。考えるための手順やコツが身につき、文章を書く際に論理的なストーリーを作ることができます。話すときも説得ストーリーを持って話せるのです。

また、計画段階から論理的に効率的な仕事の進め方を考えられ、目的を達成するために仕事の全体像が把握でき、やるべき仕事にモレやダブリがなくなります。常に「なぜ？」を問いかける習慣がつくため、過去の成功（失敗）体験から学び、問題の真の原因をつかむことができます。

本書はわかりやすい図版も取り入れ、**ロジカルシンキングの基本から、情報収集や資料作成、プレゼンや説得、アイデア創出、企画書作成など、日常の実務でロジカルシンキングをすぐに活かせるように解説しています。**

本書でロジカルシンキングの考え方や手法を身につけ、「仕事ができる人」をめざしてください。

西村　克己

はじめに 3

プロローグ　できるコンサルタントは何が違うのか？

01 問題解決のプロフェッショナル 14
02 しがらみを捨てて考える 16
03 ロジカルシンキングで説得する 18
04 仮説思考で解決する 20
05 大局観を持つ 22
06 「先々の先」を読む 24
07 箇条書きと図解で整理する 26
08 フォーマット・プロセス・データを活用 28
コラム0 コンサルタントは季節労働者!? 30

第1章 ロジカルシンキング　基本の基本

01 そもそもロジカルシンキングとは？　32
02 モレや死角があると、相手を説得できない　36
03 「考える・書く・話す」力が格段にアップ！　40
04 マクロからミクロの順で考える　44
05 主張・データ・論拠で「三角ロジック」を作る　48
06 「論理的でない人」が陥る3つのパターン　52
07 常に「なぜ？（Why？）」を問いかける　56
08 原因究明をさらに深める・is／・is not　60
コラム1　運のせいにする人は「ロジカルシンキング欠乏症」　64

第2章 仕事の全体像をロジカルに把握する

01 まず、イシュー（論点）を固めよう 66
02 モレ、ダブリのないミッシーで考える 70
03 ミッシーをさらに応用しよう 74
04 全体を把握したら、優先順位をつける 78
05 フレームワークで整理する 82
06 戦略をフレームワークで捉える 86
07 ロジックツリーで情報を階層に分ける 90
08 ロジックツリーを実践する 94
コラム2 仕事を引き算にすると納期が読める 98

第3章

情報収集と資料作成をロジカルに進める

01 仕事をプロセス(手順)で分割する 100
02 情報の引き出しを増やす 104
03 相手から情報を引き出す「Yes・But法」 108
04 伝わるパワーポイントの基本 112
05 伝わる文章を書くコツ 116
06 伝わる図解を作るコツ 120
07 図解の6つの基本パターン 124
08 数字の変化が伝わるグラフのコツ 128
コラム3 趣味を始めることの意外な効用 132

第4章

ロジカルシンキングを生かした発想術と仮説思考

01 頭が柔らかい人は「発散ｰ収束」で考える 134
02 ゼロベース思考で現状打破の道が見つかる 138
03 ブレーンストーミングでアイデアを出す 142
04 代替案を出すオプション思考で決める 146
05 少ない情報から多くの気づきを得る仮説思考 150
06 「あるべき姿」を仮説に置く 154
07 仮説は検証してこそ意味がある 158
08 仮説検証サイクルを実践する 162
コラム4 科学の世界で使われる仮説思考 166

第5章

相手をロジカルに説得する技術

01 論理的な話し方のコツ 168
02 「So What?」「Why So?」を駆使する 172
03 「伝わるプレゼン」に仕上げるコツ 176
04 説得力が倍増する「考える・書く・話す」方法 180
05 並列型ピラミッドストラクチャの活用法 184
06 解説型ピラミッドストラクチャの活用法 188
07 説得ストーリーは意思決定プロセスを応用する 192
コラム5 何ごとも3つなら記憶できる 196

第6章　ロジカルな企画書で新しい仕事を作る

01 仕事の質は企画書の完成度が9割　198
02 1枚で全体像を要約する「テーマ設定シート」　202
03 企画書① 問題提起とテーマ設定を定義する　207
04 企画書② 企画を進めるうえでの確認事項　211
05 企画書③ コンセプトと解決策を明確にする　215
06 企画書④ 作業計画を立て、スケジュールを作成する　219
07 企画書⑤ 推進体制の決定とリスクマネジメント　224
コラム6 コンサルタントの究極の仕事とは？　229

本文DTP・図版作成／フォレスト

プロローグ

できるコンサルタントは何が違うのか?

01 問題解決のプロフェッショナル

最初に、コンサルタントの仕事内容を簡単に解説しておきましょう。

コンサルタントに、「あこがれの職種」として魅力を感じている人もいるかもしれません。しかし実際は一回一回が真剣勝負、実力を問われる厳しい仕事です。

コンサルタントの仕事をひと言で表現すると、「クライアント（依頼者、依頼企業）の問題解決」です。クライアント自身では解決できない問題を、「問題解決のプロフェッショナル」であるコンサルタントに頼るのです。ここでポイントになるのはリーダーシップです。**うまくリーダーシップを取りながら、クライアントの問題解決を進めていくことが大事なのです。**

コンサルタントが、クライアントに対してリーダーシップを取れなかったらどうでしょうか。問題解決を提案しても賛同が得られず、何も変化は起きません。

› 求められるのは改善ではなく改革

そもそもなぜ、コンサルタントが必要になるのでしょうか。クライアントの社内にも、優秀な人材が多数いるはずです。大企業であれば一流大学を卒業した社員は大勢いますし、海外でＭＢＡ（経営学修士）を取得した社員もいるでしょう。

しかし、社内には組織上の上下関係があり、いかに優れた提案だとしても、下位層の社員からの提案に対して上層部は聞く耳を持ちません。下位層からの提案は、かえって上層部に不快感を与えます。本音のところでは組織の秩序が乱れることを恐れたり、上層部のプライドが邪魔をしたりします。

改善レベルでは、社内提案は効果的です。**しかし会社の方向性を大きく転換する改革レベルの場合では、社内の力だけでは難しいことが多いのです。**ただし上層部、特にＣＥＯ（最高経営責任者）が戦略やマネジメントを十分理解した有能な人であれば、わざわざ外部からコンサルタントを導入する必要はありません。トップダウン方式でＣＥＯ自らが改革推進にリーダーシップを発揮できれば、それが最善です。

02

しがらみを捨てて考える

コンサルタントと会社で働く組織人とでは、何が違うのでしょうか。

組織人は階層の中で業務を推進するために、責任と権限を与えられています。業務は各組織に細かく割り当てられるため、責任と権限はかなり限定されます。たとえば、開発部門に所属していると、営業部門に対して口出しできない、というケースがあります。また役職に与えられた権限の制約を常に受けてしまいます。

このため、組織人が全社レベルや組織横断的な改革を推進することは、立場上、極めて難しいことがわかります。**急激な改革よりは、組織に波風を立てない現状維持への圧力に押されがちです。**「出る杭は打たれる」といいますが、組織に波風を立てない社員が比較的高く評価される傾向が見られるのもこのためです。改革をしようとしても上下関係の制約など、多くのしがらみが障壁になるのです。

常に〝一発必中〟の真剣勝負

コンサルタントは組織人と違い、過去の前例や上下関係の制約などのしがらみを捨てて考えられます。客観的な立場で会社や組織の問題解決の提案ができるのです。しかし、コンサルタントがクライアントから問題解決を任されるためには、絶大な信頼関係が不可欠です。理由は簡単、問題解決に失敗すればクライアントは経営危機に陥るからです。

コンサルタントがクライアントからの信頼を勝ち取るために何が必要でしょうか。魅力ある提案内容であること、企画書やプレゼン、話し方・思考法に説得力があること。また、プロとして「安心して任せられる」という期待感を勝ち取ることです。

コンサルタントは失敗が許されません。受注した案件が、百発百中というより、一発必中である必要があります。1つでも問題解決に失敗すると、そのクライアントに大打撃を与えかねません。コンサルタントは常に真剣勝負が求められています。

コンサルタントがクライアントに問題解決の提案をできなかったらどうなるでしょうか。クライアントから案件を受注できず、その存在意義を問われかねません。

03

ロジカルシンキングで説得する

コンサルタントのクライアントは1業種1社が基本です。1業種1社とは、同じ業種の競合から同時に受注してはいけないという紳士協定です。紳士協定なので罰則はありませんが、暗黙のルールとして守られているマナーです。

たとえば、家電メーカーを1社からすでに受注している場合は、同業の家電メーカーのコンサルティングはしないというのが原則です。競合のノウハウが流出するリスク、転用されるリスクを下げるためです。

ではなぜ、コンサルタントは初めての会社でもスムーズにコンサルティングできるのでしょうか。

理由の1つめは、さまざまな問題解決の進め方と手法を使いこなせるからです。理由の2つめこそが、本書で紹介するロジカルシンキングです。**論理的に考え、話し、企画書や文章を書く能力に秀でているからこそできる**のです。

› 多様な価値観の人々も納得する

世の中にはさまざまな価値観の人々がいます。米国は移民が作った国ですから、まさに「人種のサラダボウル」です。多様な価値観を持つ人々を、米国はどのように統治しているのでしょうか。

1つめは、共通の目的を持つことです。たとえば、自由主義を守る、アポロ計画やスペースシャトル計画、火星探査計画を進めるなど、共通の目的を持つことで国民の求心力を高めてきました。2つめは、ルールに厳しいことです。ルールの例外を最小化し、ルール違反を厳しく取り締まります。

3つめは、ロジカルシンキングで国民を説得することです。政府のスポークスマン（報道官）は論理的に国民を説得する役割を担っています。論理的な説得、つまり筋道が明確で矛盾がない説得をすれば、国民の納得度が上がります。

クライアントも例外ではありません。できるコンサルタントは、ロジカルシンキングを使いこなします。**論理的であれば、多様な価値観のクライアントを説得することができる**のです。

04

仮説思考で解決する

できるコンサルタントは、ロジカルシンキングに加えて仮説思考も使いこなしています。**「仮説思考」とは、少しの情報から仮説（仮の結論）を立てて、仮説を検証する思考法です。**いわば「一を聞いて十を知る」思考法です（第4章参照）。

クライアントを初めて訪問したとき、できるコンサルタントならオフィスや工場を見ただけで、企業風土の仮説を立てます。

「ルールをきちんと守る企業風土を持っている」「トップダウンで官僚的な企業風土だ」というように、仮説を立てていくのです。

このように、コンサルタントにはいわば〝名探偵の素質〟も必要なのです。

名探偵の代名詞といえば、「シャーロック・ホームズ」ですね。ホームズの推理力は、実は仮説思考を駆使しています。ホームズは初めて会う相談者の身なりなどわずかな情報をもとに職業、出身地、過去の生活状況などを言い当てます。

› 短期間で解決策を見つけられる

仮説とは、仮の結論を先に置いて考えることです。仮説思考は、仮説から先に考えて、その結論が正しいか否かを検証します。仮説が正しければ結論になりますし、もし仮説が間違っていれば、仮説を修正するか却下します。仮説を修正して正しいことが確認できれば、修正した仮説が結論になるわけです。

刑事ドラマ『相棒』を例に仮説思考を説明してみましょう。警視庁捜査一課は、徹底した現場調査や聞き込み調査で犯人を絞り込みます。捜査一課は、現状データの積み上げ方式で犯人捜しをしているわけです。

一方、特命係の杉下右京は、捜査一課と鑑識課から聞き出したわずかな情報をもとに、早期に犯人を1～2名に絞り込んでいます。杉下右京は仮説を立てて犯人を絞り込み、その人が犯人であることの確証を探しているのです。

ドラマですから、天才である杉下右京の仮説はほぼ100%的中していますが、実際の事件では、仮説の修正なしに正解はあり得ません。**仮説は検証によって、柔軟に修正していくことが必要です。**

05 大局観を持つ

クライアントの問題解決のためには、大局観を持つことが必要です。

「大局観」とは、物事の全体的な状況や成り行きに対して判断をすることです。将棋や碁の棋士たちは、大局観を重視します。形勢が有利なのか不利なのか、不利な状況を打破するためにどう対処すべきかを常に考えています。

コンサルタントもクライアントの状況を、わずかな情報をもとに大局観を持って判断します。

クライアントがコンサルタントに話す問題意識は、漠然としているか、あるいは具体的であっても断片的なことが多いのです。穴だらけで虫食い状態の断片的な情報を頼りに、本質的に「クライアントは何が問題なのか」を全体的な視点で見抜く必要があります。そして問題解決の方向を提案するのです。

›「あるべき姿」を達成できるか

コンサルタントはクライアントの断片的な問題を、一つひとつ解決するための提案をするわけではありません。いくら時間があっても足りませんし、見かけ上の問題を解決しても、背景にある根本原因を除去しなければまた同じ問題が起きてしまいます。

欠品の問題、過剰在庫の問題、組織間の対立の問題など、**複数の問題を1つの提案で同時に解消できる解決策を提案するのがコンサルタントの仕事なのです。**

たとえば「販売情報~全体在庫~生産計画」を連動させる情報システムを構築する。販売情報がリアルタイムに把握でき、製品ごとの在庫がどこにどれだけあるかがわかり、在庫量を加味して生産計画が変更・修正できるとしたらどうでしょうか。

欠品や過剰在庫の問題、組織間の対立の問題などが同時に解決できそうですね。

根本的な問題解決策を提案するためにも、クライアントの状況を大局的に把握し、複数の問題を一気に解決する、「あるべき姿」を達成できる大局的なテーマ設定をする能力が求められます。

06

「先々の先」を読む

コンサルタントはクライアントに主導権を奪われたらその時点でお払い箱です。たとえば、経営改革を推進しているとき、クライアントから改革方針について対立する意見が出て会議が中断することがあるかもしれません。

会議が中断したとき、コンサルタントは会議を正常に戻さなくてはなりません。前向きな議論にして全体の意見を取りまとめ、参加者の合意を引き出す必要があります。そのため、コンサルタントは会議の主導権を常に掌握する必要があります。

そこで重要なのが「先手必勝の先読み」です。できるコンサルタントであれば、案件を受注したときに3カ月先の中間報告のあるべき姿をすでにイメージしているものです。

つまり**コンサルタントは「先々の先」を読みきりながら今を生きているのです。**

›「安心して任せられる」のには理由がある

孫子の兵法では、「予めの兵法」があります。予めの兵法とは、「先々の先」を読むためのものです。たとえば先々を3カ月先とすると、さらに先の6カ月先まで読むのです。先々を1年先とすると、さらに先の3年先まで読む、という具合です。

クライアントに先々の進め方や完成イメージを見せることで、「安心して任せよう」という気持ちが生まれます。安心感が信頼感に育ち、コンサルタントが主導権を発揮する大前提がそろいます。先々を見ていることが実感できるから、コンサルタントを信用します。**先々を見せる先読みができなければ主導権を掌握できません。**

コンサルタントがクライアントから一目置かれるためには、「自分たちとは違うスゴイ人だな」と印象づける必要があります。クライアントが気づかないことを提言するから、一目置かれるのです。

クライアントの意地悪な発言や非協力的な態度にコンサルタントが動揺すると、無能だと判断されて一瞬にして信用を失います。そうならないためにも、コンサルタントは常に先読み技術を駆使する必要があるわけです。

07
箇条書きと図解で整理する

コンサルタントの頭の中は、すっきりと整理整頓されています。まるで高速道路を走るようにまっすぐな道を走り、必要に応じてインターチェンジで一般道路と行き来するようなイメージです。最終目標地点も常に明確です。それはロジカルシンキングが身についているからです。

できるコンサルタントの情報整理法は、短い文章の箇条書きです。

1つの箇条書きは多くても30字以内。パワーポイントで、文字やテキストボックスの大きさにもよりますが、30字以内にまとめるようにしましょう。

また「ポイントは3つです」というように、箇条書きを多くても3つ前後でまとめるのがコツです。

伝えるべき情報にモレやダブリがないように留意します。「思いつきの3つ前後」ではなく、**「厳選された3つ前後」の箇条書きで整理するのです。**

› 図解で考え、相手に伝えよう

できるコンサルタントは、キーワードと図解で考えるのも得意です。図解を書きながら情報を整理し、考えを発展させていきます。

一方、頭の中がこんがらがったスパゲティ状態で情報が交錯している人は、図解が苦手です。情報が整理できていないと図解は書けません。情報と情報の因果関係や大小関係が明確でないと、図解にできないからです。

図解は一瞬で全体像を把握できるため、考えを整理するのにも第三者に伝えるのにも便利です。 わかりやすい図解には「図形枠、キーワード、矢印」が必要です。聞き手から「話が長くて、要するに何を言いたいのかわからない」と言われる人は、図解で考える訓練をしてみましょう。図解にならないということは、曖昧な部分が残っているということです。

図解を書く前に1つ決めておくことがあります。それは目的の決定です。「目的：コンサルタントに必要な能力」というように、短めの箇条書きで目的を設定しておきましょう。

08

フォーマット・プロセス・データを活用

コンサルタントがクライアントとの間で主導権を握るための三種の神器があります。それが**FPD、フォーマット（F）・プロセス（P）・データ（D）です。**

フォーマットは、どのように情報を整理するかというブランクシートのことです。「次回までにこのフォーマットに記入してください」と宿題を出すことができます。プロセスは、クライアントの問題解決を進める手順です。手順を提示することで、クライアントに「先々の先」を伝えられます。「今はここをやっていて、この先はこう進めます」と明確に説明できれば、今回と次回以降の位置づけが共有できます。データは情報や情報提供で、大きく分けて2つあります。1つめは、フォーマットをどのように埋めるのかという具体的な情報提供です。2つめは、コンサルタントが持っている成功事例などの莫大な情報データベースです。

＞「今、どのプロセスを進めているか」を常に共有する

コンサルティングでは、ＦＰＤをクライアントに理解してもらうことが大切です。理解してもらうことでクライアントの信頼を獲得して安心して任せてもらえて、主導権を握ることにもつながります。

ＦＰＤの中で、コンサルタントが主導権を握るために最も重要なものが、問題解決のプロセスです。**どのような手順で問題解決を進めるのかを事前にクライアントに納得してもらい、実行段階では「今どこのプロセスを進めているか」「今後のスケジュールはどうなっているか」を常に納得させながら進めることが不可欠なのです。**クライアントが納得しなければ、コンサルタントは主導権を失ってしまいます。

フォーマットを提示すれば、アウトプットの最終形を見せられます。クライアントは常に「この先どうなるか」を知りたいのです。最終形のフォーマットがあれば、たとえば情報収集をクライアントと手分けして実施できます。クライアントが自発的に参加することで、結果の納得度が上がるのです。コンサルタントはコンサルティング案件を「商品」として品ぞろえし、各案件に対応したＦＰＤを準備します。

コラム 0

コンサルタントは季節労働者⁉

コンサルタントの仕事は、クライアントの問題解決です。問題解決は、プロジェクト形式で行われます。

プロジェクトとは、「特定の目的を達成するための臨時組織による活動」です。プロジェクトは臨時組織ですから、始まりと終わりがあります。また特定の目的（明確に定められた目的）を達成するために結成され、終われば解散します。

コンサルタントは自由で、会社を動かせるあこがれの職業だと考える人は多いでしょう。しかし別の見方をすると、半年任期の季節労働者ともいえます。

またコンサルタントの多くは、同時に3～4社を担当しています。異なる3～4テーマのプロジェクトを同時並行で行うわけです。非常に忙しい状態でも、次の半年のために新規案件を企画書として作成し、受注活動をしなければいけません。

コンサルタントを本業としてハードな仕事を続けるのは至難の業です。今まで人気だったテーマも数年すれば陳腐化してしまう、ということもよくあります。コンサルタントは生き残りのため、日々新しい知識を吸収していく必要があるのです。

第1章

ロジカルシンキング　基本の基本

01
そもそもロジカルシンキングとは？

ロジカル＝論理的、シンキング＝思考ですので、ロジカルシンキングは「論理思考」と訳されます（本書では以下、「論理的」「論理思考」と表記します）。

論理的とは、「結論に至るまでの筋道、説得ストーリーが明確で矛盾がないこと」です。そのため、**1つめは、結論が明確である必要があります。2つめは、筋道が第三者にも明確に伝わる必要があります。3つめは、筋道に矛盾がないことです。**

たとえば「組織改革が必要だ」という結論を説得する場合で考えてみましょう。1つめの結論が「組織改革が必要だ」です。2つめの筋道は「意思決定に時間がかかる」などの問題提起から始めて「なぜ組織改革が効果的か」という説得ストーリーを明確にします。3つめの筋道に矛盾がないことの検証として、誰も否定できない、矛盾がないと認める「客観性」が必要です。

論理的とは筋道が明確で矛盾がないこと

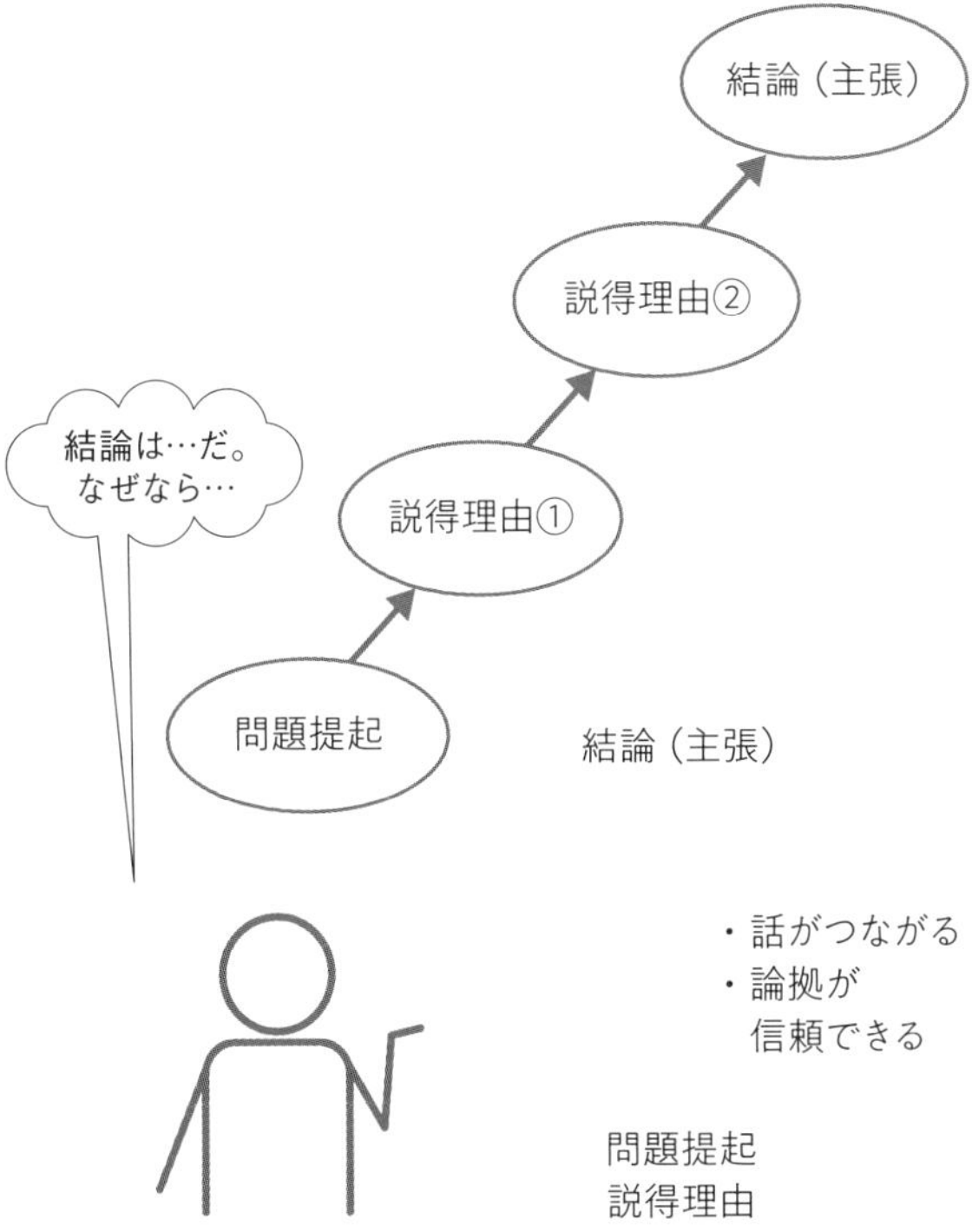

論 理 的　＝道筋が明確で矛盾がないこと

個人の直感だけでは相手に伝わらない

論理的とは筋道が明確で矛盾がないことです。**論理的な話は、「問題提起↓説得理由↓結論」がうまく連結していて単純明快です。**

論理的であることを街並みにたとえると、平安京のように碁盤の目状にいくつもの道路が直角に交わる状態です。近年の街では札幌市街のような街並みでしょう。

説得理由を説明するためによく使われる言葉が「なぜ?」「なぜならば」です。英語では「Ｗｈｙ?」「Ｗｈｙ Ｓｏ?」です。説得理由が明確に示されないと、論理的とはいえません。「なぜ?」という質問に対して、「理由はない」という答えでは論理的とはいえないわけです。説得理由がない状態を「Ｗｈｙレス」といいます。「わたしの直感」「わたしの経験によると」というのも説得理由になりません。個人の「直感」「経験」は、第三者には伝わらない筋道だからです。

刑事ドラマではよく、「刑事の勘だ、何か文句あるか」という場面があります。直感自体は、ヒント探しに有効なので一概に悪いとはいいません。しかし最終的には、なぜその結論に至ったのか、第三者を説得する証拠と筋道だった説明が必要です。

論理的でない人の頭の中は、どうなっているのでしょうか。それはズバリ、情報が複雑に絡み合ったスパゲティのようになった状態です。

たとえば家庭で不愉快なことがあると、職場でも不愉快な気分から抜け出せない、公私混同する人は論理的ではありません。公と私が区別されていないために、判断や行動において相互に影響を与え合うのです。

気分で判断がころころ変わる気分屋であるとか、考え方や行動に一貫性がない人も、論理的でない人です。一貫した方針や考え方を持って、筋道が明確で矛盾がない行動を心がけましょう。

頭の中がスパゲティ状態だと、新しい情報を追加するのにも、過去の情報から記憶を引き出すのにもひと苦労です。思考がうまく積み上がらない人、アイデアがうまく引き出せない人も同様です。ぜひ論理思考を身につけて改善しましょう。

Check **結論が明確か？　結論に至るまでの筋道が矛盾なく伝わるか？**

02

モレや死角があると、相手を説得できない

「論理的」と「屁理屈」が混同されていることが意外に多いようです。どちらとも筋道が立っていますが、決定的な違いがあります。

論理的とは「筋道（説得ストーリー）が明確で矛盾がないこと」です。どのような切り口から質問しても、展開されている説得ストーリーに矛盾が生じません。

一方で屁理屈は、都合のいい話だけを寄せ集めて説得の筋道を作ったものです。多くの場合、説得理由にメリットばかり並べていて、デメリットやリスクについては多くの死角があります。「うまい話にはウラがある」と言いますが、いい話ばかりを列挙されたときは、都合が悪い話を相手が隠していないかに留意しましょう。

相手が知りたい項目がモレていたり、リスクなどの死角があると、屁理屈になって相手を説得できません。

論理的であれば、どこからツッコミを入れられても矛盾なく回答できる

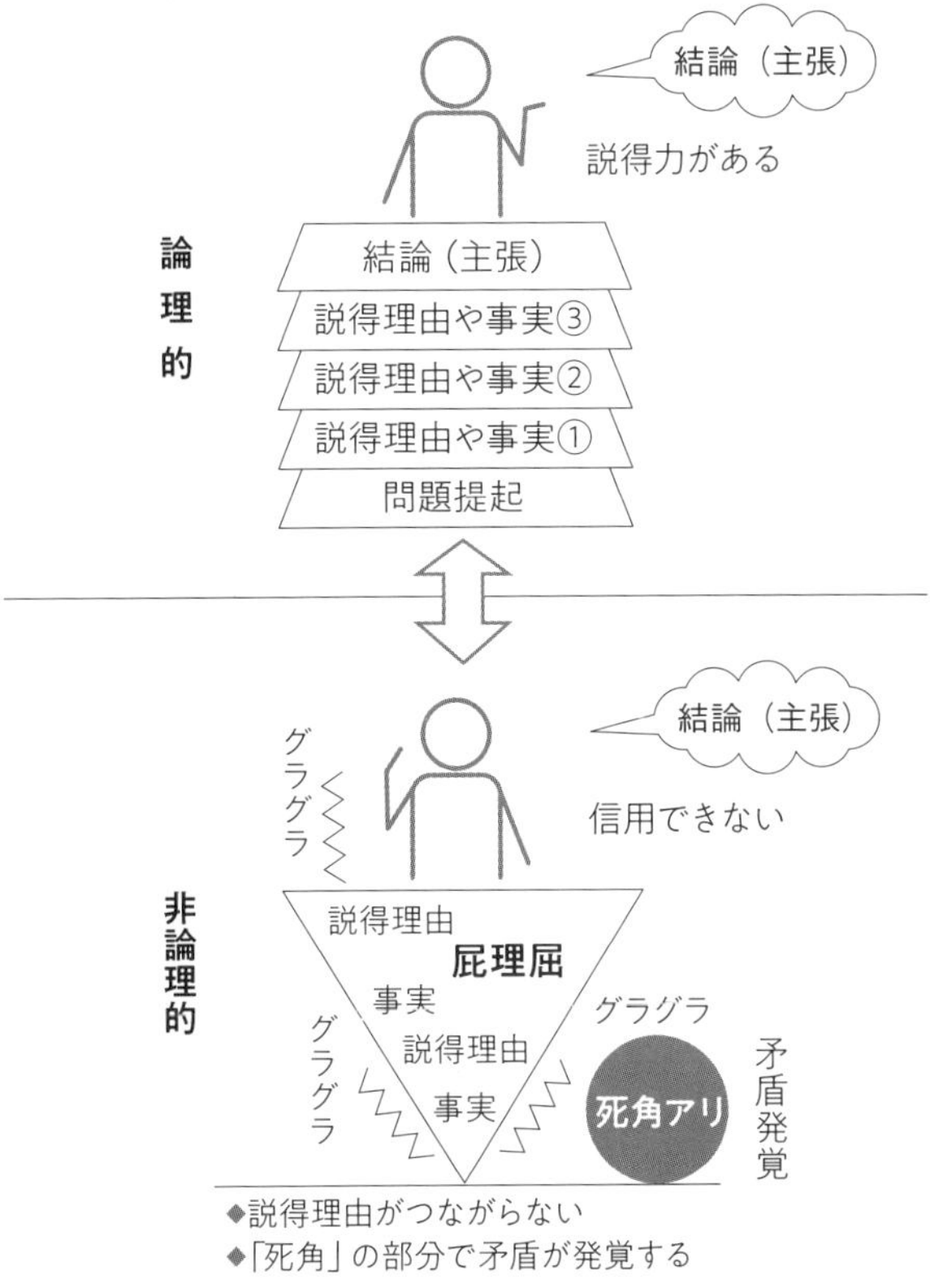

●死角があると屁理屈になる。死角の部分から論理矛盾が発覚する

話の途中に飛躍はないか

筋道に飛躍があっても、相手を説得できません。自分では論理的に考えたつもりでも、第三者に対して結論に至るまでの筋道の説明を飛ばしてしまうと、結論に賛同は得られません。たとえば、上司に「広告費を増額すべき」と提案したとします。上司は「なぜ広告費の増額が必要なのか?」と疑問を持つでしょう。そこで筋道を無視して、「売上向上のために、わたしが考えた中で最善の対策です」と言っても上司はあなたの提案に納得しません。なぜ最善の対策かの理由が曖昧です。

このように説得理由が飛躍すると、相手を説得できないのです。**なぜその結論（提案）に至ったかという理由を、手順を踏んで説明しなければなりません。**

また、相手に基礎知識がないために、相手が筋道を理解できない場合があります。専門用語や専門知識が相手にない場合は、きちんと説明を加える必要があります。

たとえば、サプライチェーン（供給連鎖）という用語を知らない人にはその用語の解説をつける必要があります。また、自社でしか通用しない専門用語は社外との交渉では、一般的な用語に置き換えないと、聞き手にとっては話の飛躍になります。論理的であれば、どのような切り口で質問されても矛盾なく回答できます。論理的な状態とは、レンガをきちんとすき間なく、積み上げているような状態です。足元がしっかりするので、どのような質問にもうろたえることはありません。

しかしわたしたちは思い込みによって思考のモレや死角を発生させてしまいます。たとえば、儲かる話ばかりを考えて、失敗するリスクを見落とすような場合です。

「これしかない」と決めつける前に、あらゆる可能性を列挙しましょう。たとえば、「業績悪化を何とかしたい」という問題に対して、関係者は「どうすれば売上を上げられるかを知りたい」と言うかもしれません。しかし業績悪化の背景には売上の減少以外にも多くの原因があり得ます。需要が減少している市場にこだわりすぎているのかもしれません。**「原因や対策はこれしかない」と決めつける前に、あらゆる可能性を列挙することで思い込みによる思考のモレ、死角を防ぐことができます。**

Check

モレがないか？　筋道に飛躍がないか？　あらゆる可能性を探ったか？

03

「考える・書く・話す」力が格段にアップ！

論理思考をすることで、日常業務にどのような効果が出るでしょうか。

3つに絞り込むと、わたしは本を執筆するときに、**「考える・書く・話す」力が向上します。**論理的に書く力の一例として、わたしは本を執筆するときに、論理思考をフル活用しています。執筆の際は大量の文章を書く必要があります。仮に1ページ600字としたら200ページだと約12万字以上の文字を書く必要があります。

本を書くときの最大の武器は、ロジックツリー（論理の木）です。詳しくは第2章でご紹介しますが、ロジックツリーを使って「章立て－大見出し－小見出し」の3階層に分けて目次を作成します。12万字として、8章立てだと1章あたり1・5万字です。各章につき大見出し10個とすれば、1つの大見出しあたり1500字です。小見出しを3個ずつ作成すれば、1つの小見出しあたり500字と計算できます。500字であれば書けそうな気がしませんか。

論理思考は「考える」「書く」「話す」力に役立つ

【考える】自分の頭で考える

自分の頭で考える習慣が身につく
人の話を鵜呑みにしなくなる

【話す】プレゼン力アップ

筋道を立てて説明する
わかりやすく説明する

素朴な疑問を放置しない

書く力を先に説明しましたが、考える力を鍛えるのにも論理思考は役立ちます。論理思考ができると、人の話を鵜呑みにしない習慣が身につきます。

たとえば「絶対に値上がりする株がある」とか、「絶対に円安になる」という話をする人がいたとします。論理思考をしない人は、「あの人の予測はよく当たる」と話を鵜呑みにするでしょう。

しかし**論理思考をする人は「なぜ？」と問いかける習慣があります。**「なぜ株が値上がりするのか？」を問いかけるだけで、「本当にそうなのか」を自分で検証する時間を持つことができます。

論理思考により「なぜ？」を問いかけ、素朴な疑問を突き詰める習慣がつくわけです。そのため、さまざまなことに探究心を持てるようになり視野が広がります。

テレビや新聞を見ていて「なぜだろう？」と疑問を持つことがあるはずです。素朴な疑問を放置しないで、インターネットや関連書籍などですぐに調べてみましょう。「なぜ？」の問いかけが、あなたの情報収集力や分析力の向上につながります。**論理思考は、話す力を向上させ、説得力も高めることができます。**交渉やプレゼンが格段にうまくなります。

かつての日本企業は、部門内の限られた社員同士のコミュニケーションが中心でした。お互い知った仲なので、論理的に話すよりは、感情が伝わりやすい会話が好まれたのです。主語が曖昧な会話、たとえば上司が「例の件はどうだ？」と言うと、部下は「順調です。ご安心ください」という具合に通用していました。かつては主語が曖昧でも通じるような〝阿吽の呼吸〟の会話が好まれました。

しかし現代では通用しません。暗黙の了解が通じない、外の世界の人々と仕事をする機会が増えたからです。また部内の会話でも、お互いが多忙なため「例の件」というような抽象的な表現では伝わらなくなりました。

説得力を発揮するためには、論理的に話す力を向上させる必要があるのです。

Check

素朴な疑問を大切にして「なぜ？」と問いかける習慣を持つ

04

マクロからミクロの順で考える

学校教育の中で、「論理思考」の授業を受けた人はいるでしょうか。一部の私立学校を除いて皆無といっていいでしょう。学校教育では数学が論理思考を代表していると解釈しているのです。それでは数学が得意な人、理系の学部を卒業した人たちは、論理思考を仕事で役立てているでしょうか。残念ながらほとんどの人たちが、論理思考を活用できていないのが現状です。

日本の学校教育では「数学＝論理思考」です。しかし米国のＭＢＡ（経営学修士）では、論理思考の授業が存在します。

理系で学ぶ数学だけでは視野が狭くなりがちで、思い込みのため全体像をつかめないケースがあります。一般に技術者は限られた範囲での論理思考が得意ですが、業務を広げたときに、能力を発揮できないことがあります。その結果、日本企業の多くは、「技術で勝って経営に負ける」状態になってしまいました。

マクロ（全体）からミクロ（部分）に考える

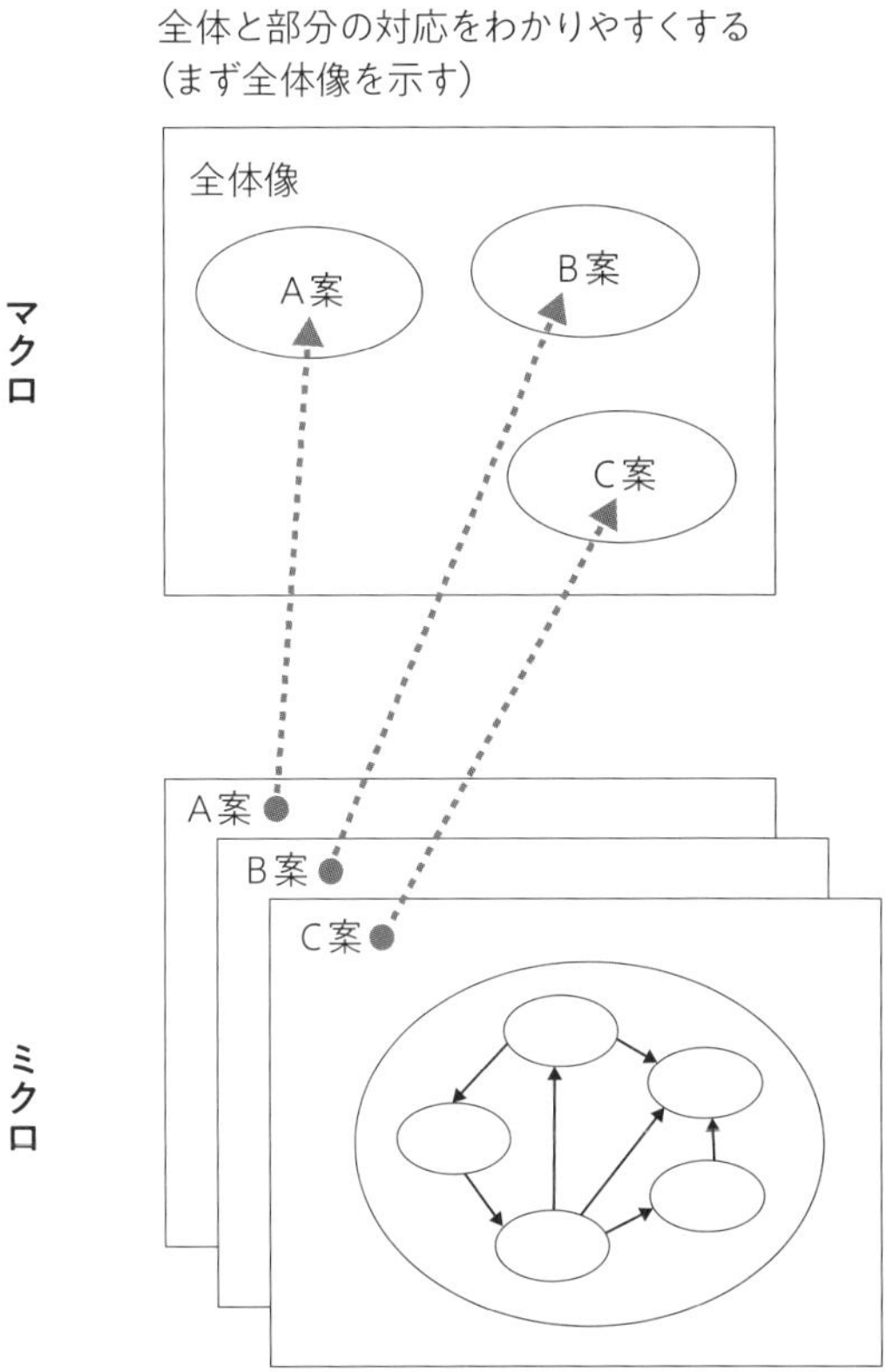

全体と部分の対応をわかりやすくする
（まず全体像を示す）

◆全体像と部分が対応していればわかりやすい
◆記号化して対応させるとわかりやすい

思考に死角がない人の考え方

理系の人は確かに限定された範囲においては論理的ですが、周囲を見渡すゆとりに乏しく、いきなり垂直思考（深く深く探索すること）に陥りがちです。たとえば、「他の代替案がある」と提案しても、「今までのやり方にケチをつけるな」と反応するかもしれません。「これしかない」という思い込みに陥りやすいのが垂直思考です。

理系の人が、全体に目を向けて、水平思考（広く浅く周囲を探索すること）する習慣がつくと問題解決力が増します。一般に理系の人は垂直思考は得意ですが、水平思考が苦手です。一方、文系の人は水平思考が得意ですが、垂直思考は苦手です。

理系の人は水平思考を重視する習慣を身につけることで、仕事に役立つ論理思考ができるようになります。**水平思考を鍛えるためには、「マクロからミクロに考える」習慣を持つのです。マクロとは全体や概要、ミクロとは部分や詳細です。**

マクロからミクロに考えることで、決定的な死角をなくすことができます。いきなりこれしかないというミクロの視点に陥ると、もっと画期的で簡単に成果を上げるチャンスを逃してしまうのです。

マクロからミクロに考える姿勢は極めて重要なので、言葉を変えてご紹介します。それが「企画－設計－実施」です。**あらゆる仕事は「企画－設計－実施」が基本です。**「企画－設計－実施」の代わりに、「概要－詳細－具体化」でもかまいません。

企画（概要）では、企画書（計画書）の作成を行います。企画の全体構想、コンセプト設計、仕様書の作成などです。設計（詳細）では、企画を実施するための開発設計書を作成します。新製品や新技術の開発のための具体的方法を探ります。実施（具体化）では、開発設計書に基づいた生産や販売活動が行われます。大量生産によって売上と利益を確保するための活動を進めます。

仕事は「企画－設計－実施」で進みますが、その前提として大事なのが、経営活動の第一歩である目的の確認です。目的によって全体の範囲の定義が異なります。たとえば、全社戦略の問題解決か、財務の問題解決かで全体の定義が決まります。

Check マクロ（全体）からミクロ（部分）に考える習慣を持つ

05

主張・データ・論拠で「三角ロジック」を作る

論理的とは筋道が明確で矛盾がないことですが、具体的にはどのように確認すればいいのでしょうか。それは、三角ロジックが成立しているか否かを確認すればいいのです。**三角ロジックが矛盾なく成立すれば論理的といえます。**

三角ロジックは、三角形の頂点に主張（または結論）として「だから〜である」を置きます。三角形の頂点を支えるためには、押しても変形しない丈夫な底辺が必要です。底辺の両サイドを支えているのが、左下底辺を支える説得材料（データ）、右下底辺を支える説得理由（論拠）です。底辺を支えるために、説得材料（データ）と説得理由（論拠）に客観性があり、第三者に矛盾を感じさせないことが必要です。

何かを主張したときに「根拠は何か？」と聞かれることがあります。三角ロジックの底辺を支える説得材料と説得理由が根拠に当たります。

三角ロジックが矛盾なく成り立てば論理的

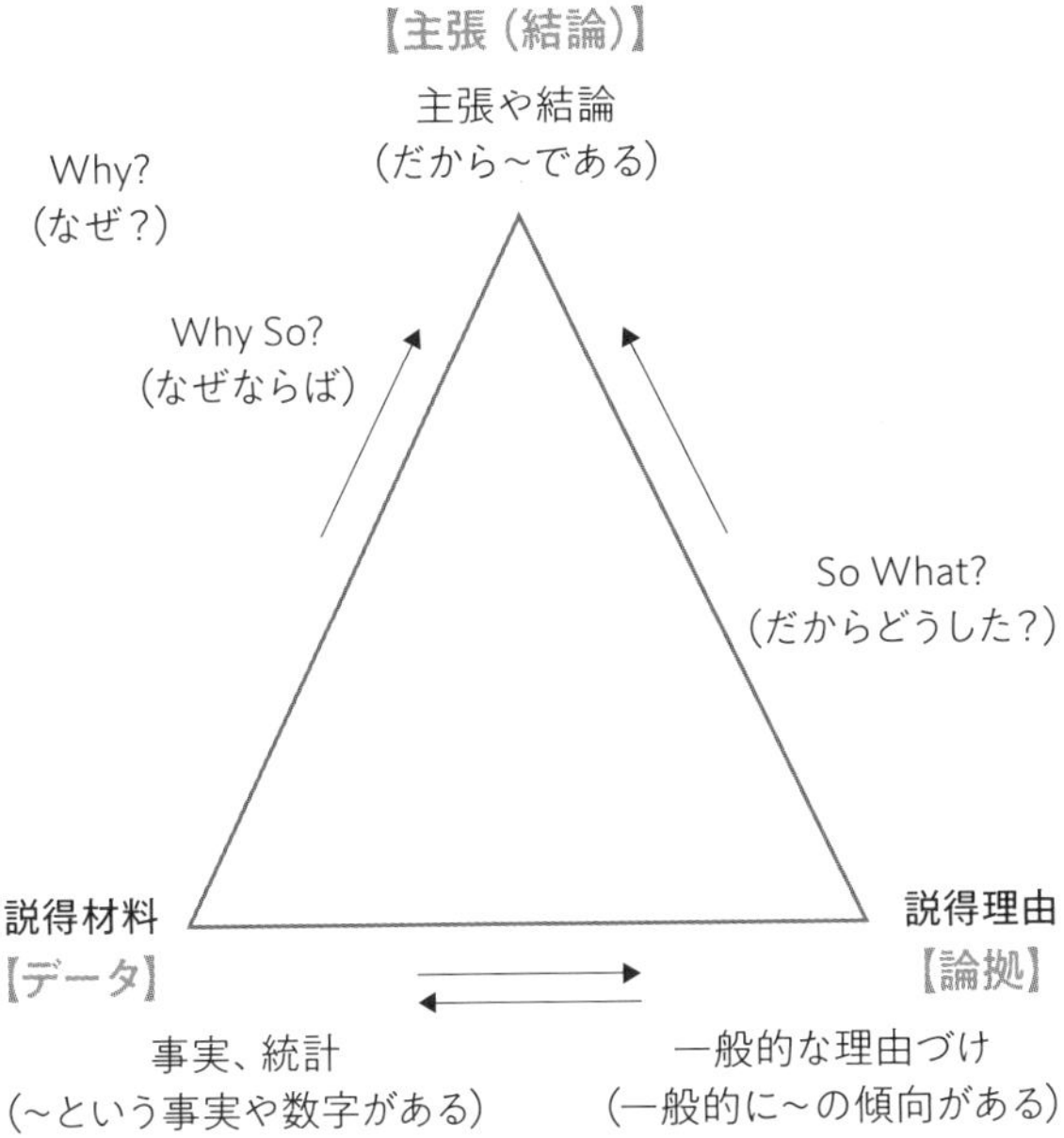

主張　▶話の結論、提案や意見、推論のこと
データ▶主張を裏付ける客観的な統計などの数値や事実、具体例など
論拠　▶原理・原則、法則性、一般的な傾向、常識などの理由づけ

（データ・論拠 → 根拠）

›「なぜ？」「だからどうした？」でつなげる

主張とは「だから〜である」であり、具体的には「意見」「推論」のことです。

説得材料（データ）とは、「〜という事実がある」であり、具体的には「主張を裏付ける客観的な統計などの数値や事実」「具体例など」です。現状分析やリサーチなどで入手した「事実・データ」がこれに当たり、客観性があり否定できません。

説得理由（論拠）とは、一般的な理由づけで「一般的に〜の傾向がある」であり、具体的には「原理・原則」「法則性」「一般的な傾向」「常識などの理由づけ」です。

三角形の頂点から底辺に移動するときは、「Ｗｈｙ？（なぜ？）」「Ｗｈｙ Ｓｏ？（なぜならば）」で説得ストーリーをつなぎます。たとえば、「事業のリストラが必要だ」と主張したら、「なぜならば」で根拠（説得材料と説得理由）を説明します。

三角の底辺から頂点に移動するときは、「Ｓｏ Ｗｈａｔ？（だからどうした？）」で説得ストーリーをつなぎます。説得材料として「赤字が慢性化している事実」、説得理由として「民間企業は赤字のたれ流しは放置できない」と説得すれば、「だからどうした？」の主張として、「事業のリストラが必要だ」と主張を明確にします。

三角ロジックは、3要素（主張・データ・論拠）と論理をつなぐ2つのキーワード（Why？ So What？）で成立します。例題で確認してみましょう。

テーマは「オリンピック開催決定で開催国の不動産価格はどうなるか？」です。主張（結論）は最初でも最後でも、最初と最後の両方で話してもかまいません。主張は「オリンピックで不動産は値上がりする」とします。これだけでは説得ストーリーがありません。49ページ図版の左下の説得材料（データ）として「過去の開催国の開催決定後の不動産価格の動向」を調査します。そこから共通する傾向として、「例外なく値上がりしている」という結果がわかりました。右下の説得理由（論拠）は、「法則性」や「一般的な傾向」を採用します。

そこで「例外なく値上がりしている」を説得理由（論拠）に用います。仕上げに説得理由（論拠）から主張に、「So What？（だからどうした？）」として「今度のオリンピック開催決定後の開催国の不動産価格は上昇する」とつなげます。

Check

「主張・論拠・データ」と「Why？ So What？」が三角ロジックの要

06
「論理的でない人」が陥る3つのパターン

論理的（筋道が明確で矛盾がないこと）であることを、三角ロジックを使って確認することができました。逆に、論理的でない人は三角ロジックがうまくつながっていません。**三角ロジックが成り立たないパターンは3つあります。1つめが「Whyレス」、2つめが「主張レス（結論レス）」、3つめが「情報過多」です。**

「Whyレス」は、なぜという理由が明確ではない話し方をする人です。「それはなぜですか？」という理由を聞いても、「理由はどうでもいい」「わたしの直感だ」「わたしの決定に文句があるのか」と反応する人は、ズバリ、Whyレスです。

Whyレスの人は能力の成長が止まりがちです。部下が問題を指摘しても、「つべこべ理屈をこねるな」と聞く耳を持ちません。また成功要因や失敗要因の分析がおろそかになります。Whyレスの人は、新しい情報を閉ざし意固地になりがちです。

論理的でない人の3パターン

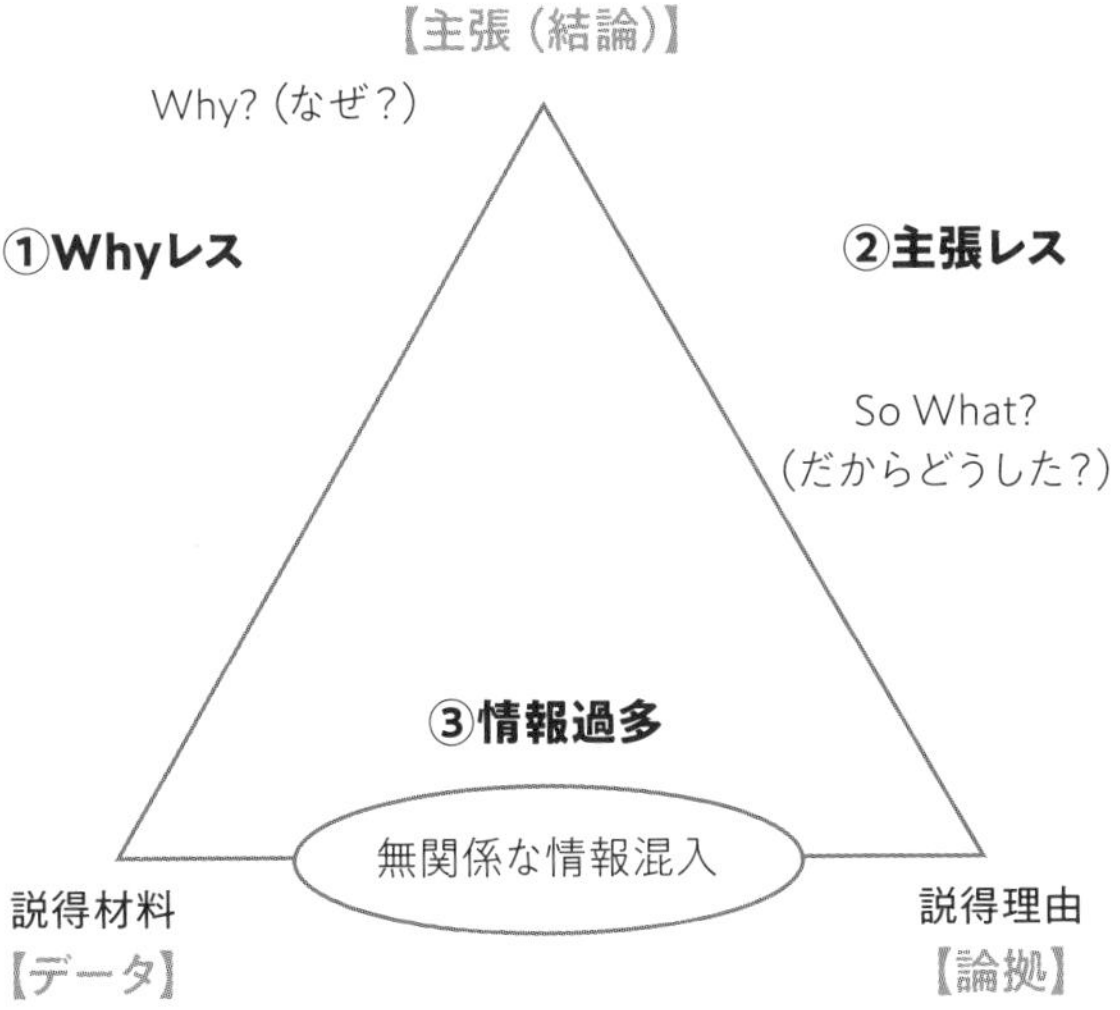

①Whyレス＝「なぜ？」という理由が欠落している
②主張レス＝現状説明に終始、言いたいことがわからない
③情報過多＝余分な情報が混ざり込んで話が脱線（話が長い）

›「何を言いたいの？」と指摘されたら

主張レス（結論レス）の人も、論理思考が欠如しています。主張レスの人の特徴は、「話は長いが言いたいことがわからない」です。話が長くわかりにくいので、相手は一生懸命話を聞こうとします。しかし一向に「要するに何を言いたいのか」がわかりません。思わず「何を言いたいの？」と言い返したくなる人は主張レスです。人から「要するに何を言いたいの？」と言われているなら、かなりの重症です。

主張レスの人は、自分の頭の中で「要するに何を言いたいのか」を簡単な言葉で繰り返してみましょう。簡単な言葉で表現できないのであれば、あなたの頭の中は情報整理ができていません。

自分が考えたことを思いつくままに口に出す人も注意が必要です。自分が論理的だと思っていても、場当たり的な発言だと受け止められるからです。なぜなら、思ったことをすぐに口に出す人は、結論の他に試行錯誤をしていることまで口に出すからです。それを聞いている相手の人は、話を聞くのに疲れてしまいます。

自分は論理的に話す自信があるという人でも、情報過多で相手を混乱させるリスクがあります。情報過多とは余分な情報が混ざり込み、主張がぼやけてしまう話し方です。

たとえば、主張として「この新製品は絶対お勧めです」と言う一方で、「でも高いです」とか、「よく壊れます」と言われると、相手はかえって不安になります。もしネガティブな部分があるのであれば、主張を変更する必要があります。また主張を変更しないのであれば、マイナス面を克服する提案を加える必要があります。

主張に関係ない説得材料や説得理由であれば、思いきって削除します。情報過多で余分な情報を加えすぎると、話が混乱します。

「Ｗｈｙレス」の人は、「なぜならば」をきちんとつけて話しましょう。「主張レス（結論レス）」の人は、「だからどうした」で主張をまとめましょう。「情報過多」の人は、余分な話をしないように気をつけましょう。

Check 「要するに何を言いたいのか」を明確に。関係ない情報は捨てる

07

常に「なぜ？（Why？）」を問いかける

論理思考を習慣にするには、いつも「なぜ？（Why？）」を問いかけるのが近道です。何か情報を入手したとき、「なぜ？（Why？）」を問いかけてみるのです。

たとえば、A社が競合他社を買収したとします。なぜ買収したのか？ そこにはA社の戦略が見え隠れしています。また、B社はなぜ急成長しているのか？ 素朴な疑問を持って調べれば、B社の成長の理由を探ることができるでしょう。

自分の仕事について「なぜ成功したのか？」「なぜ失敗したのか？」を問いかけることで、論理思考を高めることができます。成功要因がわかれば、次に応用することができます。失敗要因が分析できれば、同じ過ちを繰り返さなくてすみます。

運がいい、運が悪いでは、論理思考を停止させてしまいます。論理思考をしたいのであれば、運のせいにしない方が賢明です。

「なぜ？」で問題の発生原因を突き止める

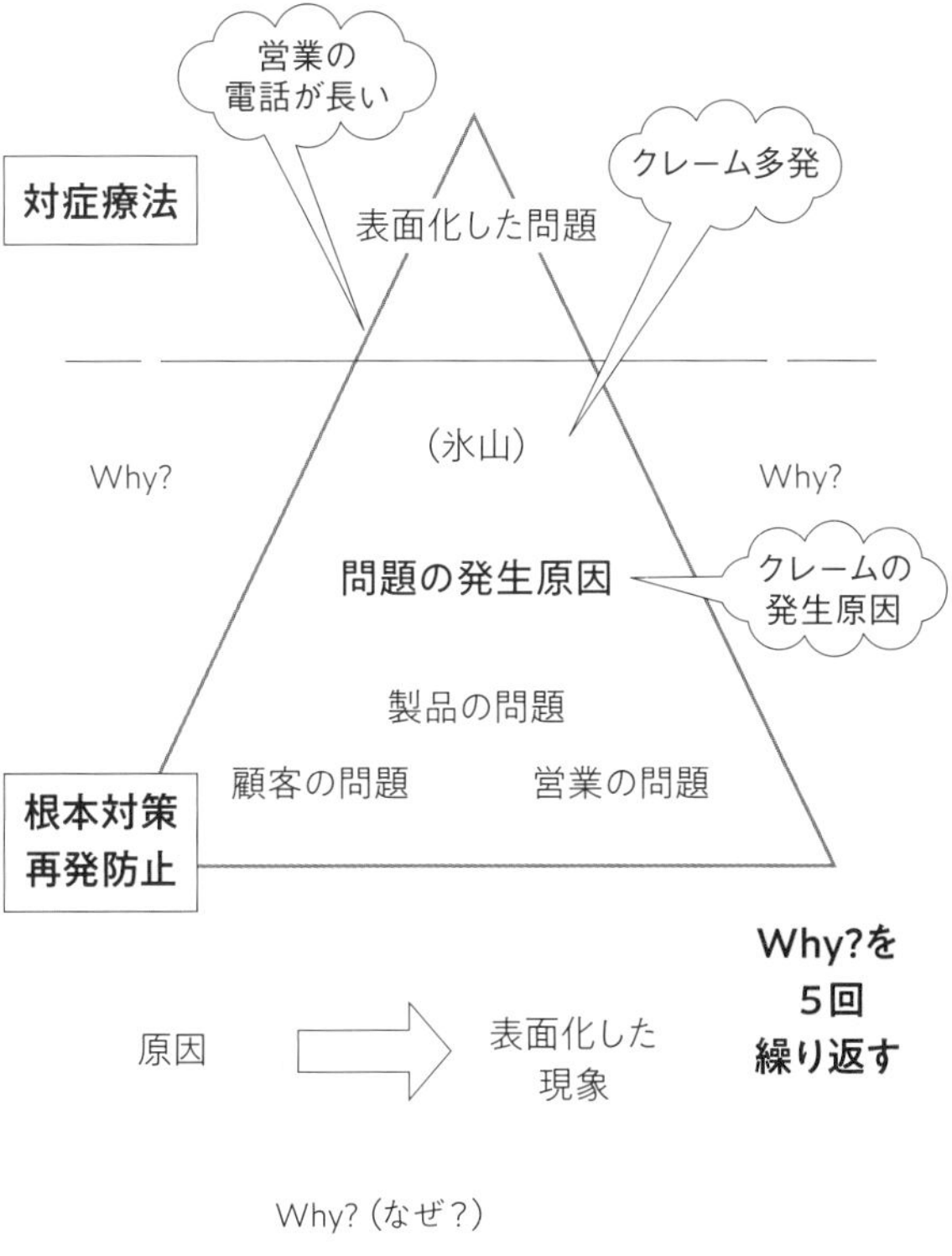

対症療法ではなく、根本的な解決を

「なぜ？」を問いかけることで、成功や失敗の原因を究明できます。また、仕事上の問題を解決するためにも「なぜ？」の問いかけが役立ちます。表面化している問題を改善しても、根本的な原因が解決しない限り、似た問題が繰り返し発生します。

「なぜ？」の力で問題発生の真の原因を把握し、原因を取り除くことができます。

「営業の電話が長い」という問題があったとします。対症療法では、「電話は3分以内に切れ」です。しかしクレーム対応の電話だったとしたら、かえって問題が大きくなります。そこで「なぜ営業の電話が長いのか？」を問いかけます。「クレーム対応の電話は長引く」という原因がわかれば、「なぜクレームが発生するのか？」の問いかけから、クレーム低減が効果的な対策だとわかるでしょう。クレーム発生の原因究明をして原因を除去すれば、根本対策になり、再発防止ができます。

高業績が続くトヨタ自動車では、「Ｗｈｙ？を5回繰り返せ。問題の真の原因が見えてくる」と社内で教えています。

イライラするときや「結論はこれしかない」と思い込みすぎると、論理思考を阻害します。イライラや思い込みが激しいと発想が短絡的になり、結論や主張をゴリ押ししがちです。

早く主張を伝えたいと考えると、三角ロジックの論拠とデータを飛ばして、主張を強調しすぎてしまいます。また、イライラして冷静さを失っても思い込みに陥りやすく、視野が狭くなります。そのような場合、「なぜ?」という説得材料が不十分なまま主張を繰り返しても、なかなか相手を説得できません。

思い込みやイライラ状態で自論を展開しても、屁理屈（自分の中では論理的だと思っていても相手に伝わらない状態）になりやすいのです。そのようなときは、ちょっと冷静になって、お茶でも飲んでひと休みしてみましょう。よけいなこだわりを捨てて考え直す方が賢明です。

Check

成功・失敗ともに「なぜ?」を問いかけて、真の原因を見つける

08 原因究明をさらに深めるis／is not

Why？は原因究明に優れています。しかし複雑な原因究明には、「is／is not」の手法が便利です。**「is／is not」は、結果が異なる2つを比較し、「なぜ2つの違いが発生しているのか」を原因究明する使い方や、あるものの前後の変化を比較して、「なぜ変化が起きたか」を原因究明する使い方ができます。**

「先月まで大人気だったAさんが、なぜ今月に入って急に人気がなくなったのか？」というケースです。「is／is not」は、「ある・ない分析」ともいいます。「どちらかにあって、どちらかにない」という違いの部分だけを書き出します。Aさんに人気がある状態がis（左側）、人気がない状態がis not（右側）。記入する際、左右の1行ずつが対応します。「子どもに対する人気」「仕事の量」などについて、現状に照らして「なぜ違いが発生しているのか？」の原因を想定します。

Why? でも原因究明できないときは「is/is not」で違いに着目する

is（変化前）		is not（変化後）
A製品は好調な売上	⇨	A製品が急に売れなくなった

is（変化前）好調な売上のとき		is not（変化後）売れなくなったとき
・販売量が毎月５％増加	←→	・販売量が毎月15％減少
・競合他社は３社	←→	・競合他社は４社（B社が参入）
・競合品種は９品種	←→	・競合品種は12品種（B社、C社が新製品）
・全国で売れていた	←→	・首都圏が売れていない 地方は好調

↓

B社、C社の新製品の売れ行きを至急調査せよ
（新製品に乗り換えられている）

↑

変化の前後において、
「何が起きて、何が起きていないのか」を比較

●違いがわかる人は、変化をきちんと事実データで比較する

› 大量に書き出して、違いを見つける

次に、ある製品の売れ行きについて分析する例です（61ページの図参照）。「A製品は2カ月前までは売上好調、しかし現在では売上が激減している」という例です。「変化の前後で、何が起きて、何が起きていないのか」を問いかけます。違いが発生している部分を比較することで、発生原因を探ります。左側に「売上が好調だった2カ月以上前の状況」を書きます。右側に「現在の売上激減の状況」を書きます。左右は同じ項目なので比較できます。たとえば、1行目は販売量の比較で「（ｉｓ）販売量が毎月5％増加」「（ｉｓ ｎｏｔ）販売量が毎月15％減少」となります。

同様に左右は同じ項目で、「違いがある部分のみ」を記入します。4行目では、「（ｉｓ）全国で売れていた」「（ｉｓ ｎｏｔ）首都圏が売れていない。地方は好調」を比較しています。これは、「販売地域による比較」です。

思いつくまま「ｉｓ／ｉｓ ｎｏｔ」を白板に書き出します。一通り書き出したら、頭を切り換えて全体を見渡し、「なぜ変化が発生しているのか、その原因は何か？」

を問いかけます。この例では競合の新製品に、自社のA製品の首都圏の売上だけが奪われていることがわかります。

「is／is not」は、異なる2つを比較することにも使えます。たとえば、自社内において、業績がいい営業所と悪い営業所を比較してみるのもいいでしょう。仕事ができる人、できない人の違いはどこにあるでしょうか。異なる2つ、または相反する2つを比較するには、ある（is）、ない（is not）で表にします。

たとえば、仕事ができるという評判のAさんをis、仕事ができないとウワサのBさんをis notとして比較してみます。「AさんにあってBさんにない」、逆に「BさんにあってAさんにない」という2人の違いを書き出して比較してみるのです。するとAさんとBさんの思考や行動パターンの違いが具体的に見えてきます。

ある（is）、ない（is not）で2つを比較するとき、書き出してみることをお勧めします。頭の中だけでは、全体像が見えなくなってしまうからです。

Check is／is notは比較するのに便利。実際に書き出そう

コラム1 運のせいにする人は「ロジカルシンキング欠乏症」

「運がいい」「運が悪い」を口癖にしている人はいませんか？ 無意識に運のせいにする人は、ロジカルシンキング欠乏症です。

論理思考をする人は、「なぜ成功したのか？」「なぜ失敗したのか？」を問いかけます。成功要因、失敗要因を分析することで、類似のプロジェクトでの成功確率を高めます。失敗分析は再発防止のために実施するが、成功分析はしないという会社が多いようです。成功分析をしないと学習効果が低下します。外部環境が味方をしたために成功している事例では、外部環境が変化すれば成功要因はなくなります。

失敗分析と言いましたが、失敗が表面化する前に、問題点を早めに発見して、早めに対策を打つことが必要です。そのためにコンサルタントは、最低3カ月先まで進め方とアウトプットを先読みします。

先々を見ながら今の仕事をしているから、失敗が表面化せず、損失を事前に食い止められるのです。「今日の仕事で手一杯」と、気持ちまでもが仕事に追われているようでは、コンサルタントは務まりません。

第2章

仕事の全体像をロジカルに把握する

01

まず、イシュー（論点）を固めよう

あらゆる経営活動では、目的を明確にすることが必要です。**経営活動の大目的は、収益を確保して永遠の繁栄と存続を確保することです。**しかし大目的だと、日々の活動には抽象的すぎて範囲も広すぎます。そこで、中目的や小目的に具体化します。**中目的だと、中期計画や年度計画の達成、各部門の月次目標の達成などがあります。小目的は直面する問題解決の目的設定です。**大目的や中目的が明確でも、小目的の明確化がないまま問題解決を進めると、具体的な解決策を絞り込めません。

新商品開発の際に「収益を上げるために、コストダウンは絶対である」という条件を大目的につけてしまうと、低コストの製品しか開発できなくなります。小目的として、「コストはかかっても2倍高く売れる製品で高収益を確保する新商品開発をめざす」とすれば、高級品のラインナップを生み出すことができるのです。

セミナーの集客力アップの例で考える

〈問題提起〉
セミナーの集客力が落ちている。何とか現状を打破したい

〈何を論じるべきなのか、イシューの候補をあげてみる〉
◯集客力が落ちた問題点や原因を論じるべきなのか？
◯集客力アップの対策全般を論じるべきなのか？
◯広告の改善方法を論じるべきなのか？
◯セミナーの方針とメニューを論じるべきなのか？
◯セミナーの個別内容を改善する方法を論じるべきなのか？

〈イシューを特定する〉
◯まずは集客力が落ちた問題点や原因を論じる

〈事前準備：イシューに沿った範囲で情報収集する〉
◯自社と同業のここ数年の集客動向の変化を分析する
◯過去のアンケートで顧客満足度を分析する
◯セミナーへのニーズに変化がないかを調査する

〈イシューに沿った範囲で論じる〉
◯考えられる問題点や原因を自由討議する
◯重要と思われる問題点や原因を絞り込む

› ピンぼけする会議、しない会議の違い

目的を曖昧にしたまま会議が始まってしまうことがありませんか？　そのせいで今後の事業の方針を決めるような重要な局面で、議論の焦点がピンぼけすることが多いのです。参加者が真剣に議論すればするほど、判断の基準になるそもそもの目的が参加者各自でずれているため、意見が衝突してまとまりません。

売上アップを議題にして進めていたはずが、途中から議題が経費削減にすり替わる、というように当初の議題と変わってしまうこともあるでしょう。

的はずれの議論をしないためには、まずイシューを確認することが不可欠です。イシュー（issue）とは、日本語で「論点」「課題」「問題」などと訳されます。

イシュー（論点）がずれた議論になったときには、イシューに沿った議論に戻すよう軌道修正をしなくてはなりません。

「イシューを特定する」とは、会議などで「何を論じるべきか」を明らかにすることです。イシューの特定が見当はずれでは、精緻な論理も意味がありません。

「セミナーの集客力アップ」を例に、イシューを考えてみましょう。

まず議論する問題提起として、「セミナーの集客力が落ちている。何とか現状打破をしたい」と考えたとします。そこで何を論じるべきか。

「集客力が落ちた問題点や原因を論じるべきなのか？」「広告の改善方法を論じるべきなのか？」など、イシューの候補をあげてみました。そこで「まずは集客力が落ちた問題点や原因を論じる」というようにイシューを特定したとします。

必要であれば事前準備として、イシューに沿った範囲での情報収集をしておくのも一案です。イシューに沿った範囲で論じていき、考えられる問題点や原因を自由討議して、意見交換していきます。そしてまとめとして、重要と思われる問題点や原因をいくつかに絞り込みます。

当初のイシューが達成できたら、次のイシューを特定します。「集客力アップの対策全般を論じる」が次のイシューなら、そのためのアイデアを出し合いましょう。

Check

イシューを明確にしておけば会議の論点はずれない

02 モレ、ダブリのないミッシーで考える

論理思考の大前提として、モレが出ないように「マクロからミクロに考える」ことが原則でした。マクロ（全体や概要）の全体像を把握するときの留意点があります。**全体像を体系的に把握する考え方がミッシー（MECE＝Mutually Exclusive, Collectively Exhaustive）です。ミッシーとは「モレやダブリがない状態」です。**

なぜミッシーを意識することが大切なのでしょうか。モレがあるとチャンスを失うからです。たとえば近年、スマートフォンの普及でゲーム市場が興隆し、コミック本の電子書籍が人気になっています。新しい市場が生まれれば、新しいビジネスチャンスが生まれます。こうした動きを把握していない（モレ）のは機会損失です。

ダブリがあるとムダや混乱が発生します。たとえば給与計算が経理部と人事部の両部門の担当になっていたら、お互いの仕事がダブって作業のムダが発生しますね。

ミッシーのコツは「反対」「それ以外」を考える

- 内部
- ハード
- プラス要因
- 価値
- 変動
- ミクロ
- 質
- それ自体

- 外部
- ソフト
- マイナス要因
- 費用
- 固定
- マクロ
- 量
- それ以外

●逆転の発想＝正反対を考えることで死角を発見

› ミッシーで把握したら重要事項を絞り込む

全体をミッシー（モレやダブリがない状態）で把握することは、論理思考の第一歩です。仮に「営業部門の売上拡大」という目的を設定したとします。営業部門の売上拡大のために、どんな問題を克服すべきかミッシーで把握してみましょう。

そもそも重要項目がモレていると、的はずれな対策が増えて議論の成果が上がりません。たとえば、販売方法、営業体制、販売代理店、取扱商品、商品の仕入、クレーム対応、値引き方針など、重要項目にモレがないようにミッシーで把握します。

全体を把握するときに、あらゆる可能性をミッシーの視点でつかむようにします。注意すべきは**モレやダブリがない状態で全体を把握したからといって、すべてが重要だという意味ではない点です。**時間と予算は限られていますから、優先順位をつけて、目的を達成するために効果的な重要項目を絞り込むことが大事です。

最初からモレやダブリがあると、的はずれの努力に陥りやすいのです。たとえば刑事ドラマの事件では、「殺人か」「自殺か」「事故か」の3つの可能性を最初に考えます。「自殺しかない」と決め込むと、殺人犯を逃す可能性が高まるでしょう。

ミッシーは、何か新しいことを始めるとき、全体像を見失っているとき、努力しても出口が見えないとき、少ない労力で成果を上げたいときなどに役立ちます。

ミッシーを考えるコツは、「正反対」の組み合わせです。「内部 vs. 外部」「ハード vs. ソフト」「プラス要因 vs. マイナス要因」「変動 vs. 固定」などです。たとえば「内部 vs. 外部」なら「国内 vs. 海外」「業界内 vs. 業界外」などと応用できます。

「裏表ミッシー」と覚えておきましょう。表と正反対の裏を見れば、死角が完全に発見できるからです。ともすれば人は目の前にある対象物だけに目を奪われがちですが、そのために猪突猛進で「的はずれの努力」に暴走してしまうのです。

正反対の組み合わせを考えたら、「それ以外」という視点で「他にモレがないか？」を問いかけます。目の前にあるものに気を取られすぎると、垂直思考になってどんどん視野が狭くなってしまいます。

Check

ミッシーは「正反対のものをセットで組み合わせる」のがコツ

03 ミッシーをさらに応用しよう

逆転の発想は、ミッシーのコツである正反対の組み合わせから生まれたものです。

逆転の発想は、現状打破をはかりたいとき効果的な一手になることがあります。

たとえば、ビール市場では「安い発泡酒」から「高いビール（プレミアム）」に主力製品を切り替えて、安売り競争を回避する動きがありました。また牛丼の吉野家は、牛すき鍋などの新商品投入で高めの商品に切り替える一手を打ちました。逆転の発想は、現状打破のために効果的な一手です。「安くしないと売れない」という考えから、「高くても売れる」に切り替える、発想の転換になります。

逆転の発想はミッシーの応用です。「あ〜まずい、もう1杯」で青汁の宣伝が人気になりました。正反対だからこそ、チャンスを得られるのです。「君子危うきに近寄らず」と「虎穴に入らずんば虎子を得ず」は正反対のことわざです。

「上中下」を1セットにすると
ミッシーの組み合わせになる

	数字	価格	傾向	姿勢
上	大 多い	高い （高級）	増える （+）	積極的
中	中 平均	中間 （中級）	横ばい （±）	中立的
下	小 少ない	安い （低級）	減る （−）	消極的

「上中下」の1セットもミッシーになる

正反対の組み合わせだけだと物足りないという方には、「上中下」の3つを1セットにして考えることをお勧めします。他にも「大中小」「松竹梅」「高中安」「積極的・中立的・消極的」などの組み合わせもあります。**正反対の組み合わせに中間を足して、3つでバランスを取るのもミッシーにする有力な方法です。**

たとえば、格安製品中心の家電メーカーがあったとします。安売りに限界が来る前に、思いきって高価格帯製品にチャレンジします。下から上への逆転の発想です。しかし売れなかったとしても、次に中価格帯製品を投入します。高価格帯製品のおかげで、中価格帯製品の割安感が出て安売りから脱却できるかもしれません。

「上中下」の3つを1セットにして考えると、完全なミッシーになります。また、「本命・対抗馬・大穴」の代替案（解決策の候補）も問題解決の可能性を広げます。大半の人が成功するだろうと考える本命案よりは、まさかの大穴案の方が消費者の意表を突いて、市場の注目を浴びるかもしれません。たとえば、家電メーカーのダイソンは消費者の裏をかくのが得意です。羽根のない扇風機は画期的でした。

「上中下」の3つのセットは、完全なミッシーで極めて広い用途があります。一見優秀そうに思わせる、経済評論家の話し方のテクニックをご紹介しましょう。

司会者：今後、日本経済はどうなるでしょうか？

評論家：米国経済が順調であれば、日本経済も上昇基調です（上）。しかし、中国の株価が下がりバブル崩壊となると、日本経済も下降します（下）。ただし、中国が株価下落を食い止められれば、日本経済は横ばいでしょう（中）。

活字で読むと、結論が出ていないことがわかりますね。しかしテレビだと、何となくわかった気がします。**「上中下」の3つのセットは、結論を曖昧にするミッシーのマジックです。「上中下」のミッシーで全体を把握した後は、優先順位をつけます。**経済評論家の話し方の例であれば、最後に「わたしは最初の上昇基調が本命であると思います」と付け加えれば、意見を伝えたことになります。

Check **正反対にチャンスはないか？「上中下」の1セットにできないか？**

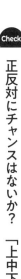

04

全体を把握したら、優先順位をつける

ミッシーはあくまで、優先順位をつけるための事前準備です。復習になりますが、全体をミッシーで把握しないまま問題解決に着手すると2つの問題が起きがちです。

1つめは、的はずれの努力が増えます。もっといいチャンスや解決策があるのに、手間と時間がかかってわずかな成果しか得られない解決策を選んでしまいます。

2つめは、解決策にダブリ（重複）があるために、実行段階でムダや混乱が起きます。「別のチームの会議で、同じような課題が議論される」ような事態です。

ミッシーで全体を整理したら、次に優先順位をつけます。限られた時間と予算の中で、投資対効果の最大化をめざすのがビジネスの本来のあり方です。それなのにわたしたちの多くは、ミッシーを考えないまま「これしかない」と決めつけがちです。その結果、スタート段階から投資対効果が低い課題に手を出してしまうのです。

ミッシーの後はプライオリティをつける

ミッシーで全体を把握してから、
プライオリティ（優先順位）をつけよう

ミッシー

優先順位のつけ方
①選択（選ぶ）
②配分（メリハリ）
③時間（緊急性）

プライオリティ（優先順位）

投資対効果が高いものを優先する
（限られた時間とお金を有効に使う）

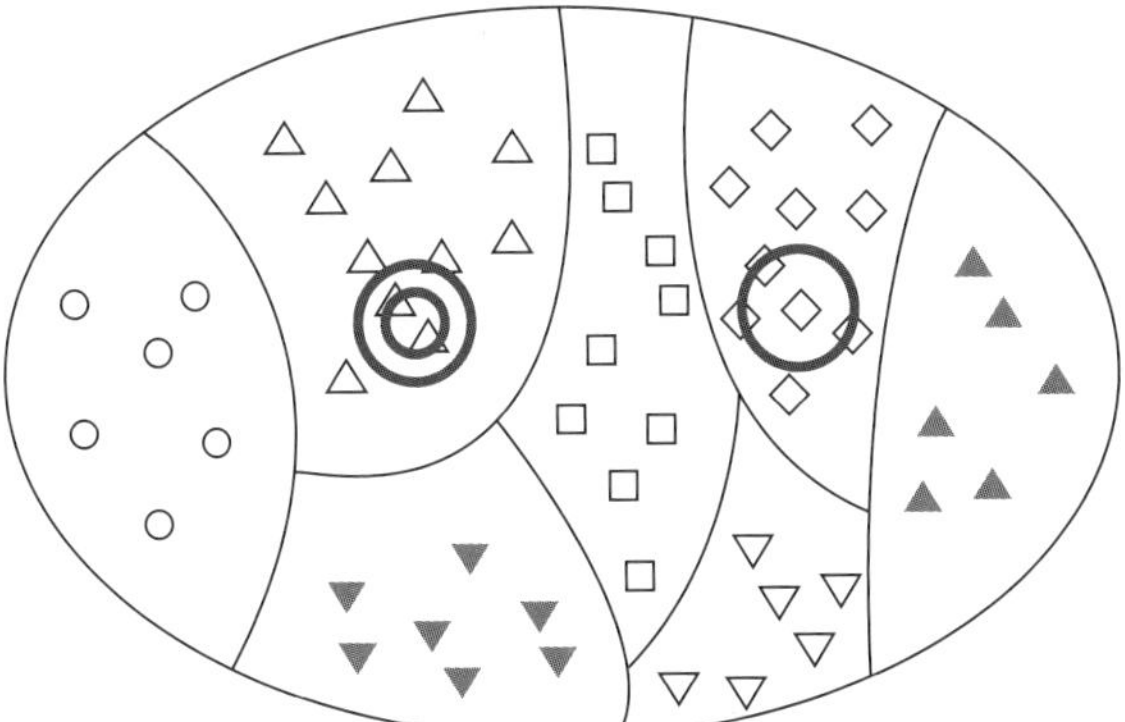

◎…優先順位1
○…優先順位2

› 優先順位をつけたらより深く探索

優先順位はどのようにつければいいのでしょうか。その前に、優先順位を考えるためには、目的の確認が必要であることはいうまでもありません。目的を達成するために、投資対効果が最大化できる課題に絞り込んでいくのです。

優先順位のつけ方は、「選択（選ぶ）」「配分（メリハリ）」「時間（緊急性）」の3種類があります。

1つめの選択は「やることを決める。同時にやらないことも決める」です。たとえば、5つの候補から2つを選択し、残り3つは優先順位からはずします。

2つめの配分は、限られた予算と時間である経営資源（ヒト・モノ・カネ・情報）をどのように配分するかです。言い換えれば、配分によってメリハリをつけることといえます。たとえば5つの事業部門で100億円の売上を計画する場合、各事業部に売上目標を配分するような場合です。

3つめの時間は、「緊急性」の優先順位です。急ぐのか、急がないのかという時間の緊急性も優先順位の1つです。たとえば、今期中に達成したい課題なのか、来期以降に着手すればいい課題なのかを決めるのが、時間の優先順位です。まずはミッシーで全体を広く浅く探索するのは、水平思考のアプローチです。ミッシーで全体を水平思考します。水平思考したら、優先順位をつけます。

選択や配分で優先順位をつけたら、深く探索する垂直思考のアプローチに切り替えます。全体を見たうえで優先順位をつけているので、自信を持って深さを探索すればいいのです。たとえば商品開発の場合、どのような仕様にするのか、その仕様を達成するための設計図を作成して製品化することに進みます。

垂直思考は、集中力を高めて深く探索することです。しかし人は、集中力を高めすぎると、周囲が見えなくなります。そこでときどき水平思考に切り替えて、広く浅く周囲を探索し、重要項目にモレがないかを問いかけます。

仕事に着手する前に3分でもいいですから、今やっていることにモレやダブリがないか、ミッシーかどうかを問いかけてみましょう。

Check

目的を達成するために「選択」「配分」「時間」で優先順位をつける

05 フレームワークで整理する

全体をミッシーで把握する際に、何かヒントになる例があれば便利です。ミッシーで大分類した例が、フレームワーク（枠組み）です。

フレームワークは、４つ前後で構成すると覚えやすいです。

たとえば吉野家は、「うまい、やすい、はやい」の三拍子で売り出しました。コンサルティング会社のマッキンゼーは、経営を「７Ｓのフレームワーク」で捉えます。７Ｓは、ハードの３Ｓとソフトの４Ｓに分類され、前者は「組織（Structure：組織のあるべき形態）」「戦略（Strategy：事業の優位を維持・確保するための強み）」「システム（System：情報伝達のしくみ）」です。後者は、「人材（Staff：人材マネジメント）」「スキル（Skill：社員や企業が持つ能力や技術）」「スタイル（Style：社風や企業文化）」「価値観（Shared Value：社員が共有するビジョンや企業理念）」です。経営全体を７Ｓで捉えて、ミッシーで把握できます。

経営戦略のフレームワーク

■戦略の3C

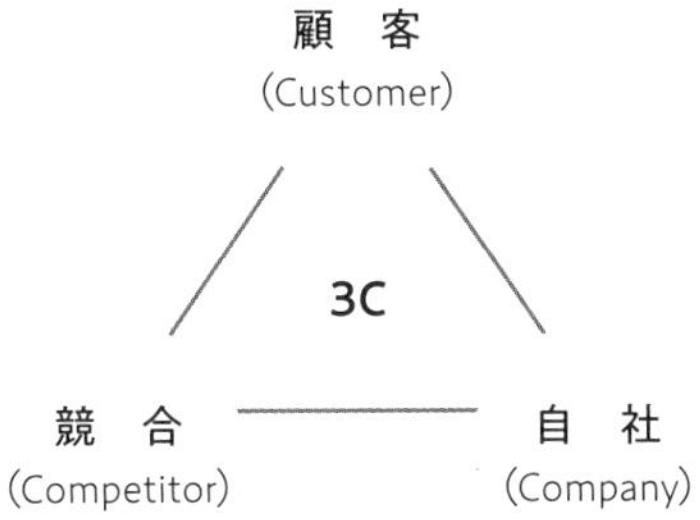

■戦略の4C（販売強化）

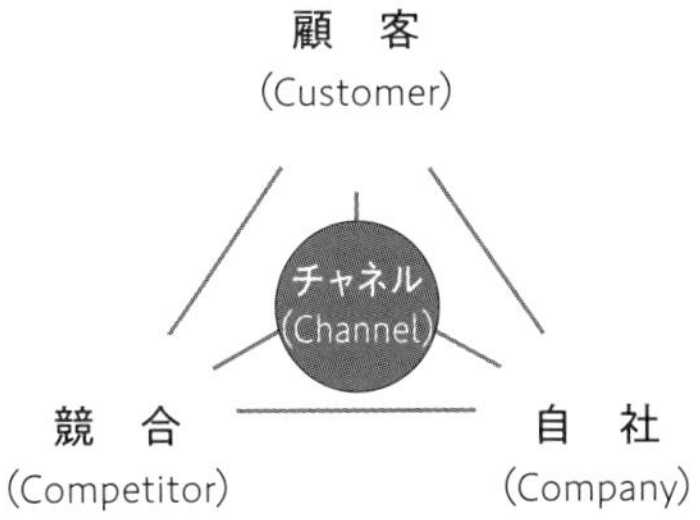

チャネル＝販売網、流通網

- ●フレームワーク（枠組み）はミッシーで全体を再分類したもの
- ●目的に合わせてフレームワークを定義してもよい

「心・技・体」もフレームワーク

日常生活には無意識に使っているフレームワークがたくさんあります。日本の四季は「春・夏・秋・冬」です。赤道直下では、「雨季・乾季」の2つに分類されます。フレームワークは目的に合わせて定義すればいいのです。

紳士服の場合は、春と秋をまとめて、3シーズンが使われます。

国家防衛では、「陸・海・空」が有名です。しかし米国では、国家防衛のフレームワークを「陸・海・空・宇宙・第五領域」に再定義しています。第五領域とは、インターネットの世界です。米国にサイバー攻撃をしかけた場合、宣戦布告と同じであると定義しています。

スポーツ精神の「心・技・体」は、明治時代に柔道家が作ったとされるフレームワークです。柔道は野蛮な戦いではなく、精神（心）と体を鍛錬し、技を磨く競技であると宣言したのです。「心・技・体」によって柔道は高い評価を得ました。

ＪＴＢが生み出した『るるぶ』もフレームワークです。「見る・食べる・遊ぶ」の語尾を取りました。「泊まる」もありますが、「るるるぶ」では語呂が悪いようです。**フレームワークを作成するコツは、正反対の組み合わせに1～2つ、追加することです。**「心・技・体」は、「心vs.体」で「ソフトvs.ハード」の正反対の組み合わせです。そこに「技」という付加価値を加えて、フレームワークの価値を高めます。

すでにあるフレームワークを学習するのもお勧めです。経営戦略のフレームワークは3Cです。「顧客（Customer）、競合（Competitor）、自社（Company）」の頭文字を取っています。戦略を考えるためには、3Cの視点が重要です。なお販売を強化するフレームワークに4Cがあります。4C＝「3C＋チャネル（Channel）」で、チャネルとは、商品を顧客に届けるための販売網や流通網、具体的には量販店やネット販売です。コンサルタントに役立つフレームワークだけでも、100個を超えるほどたくさんあり、本も多数出ています。興味があればぜひ、フレームワークの世界を極めてください。論理思考の実践的な訓練に役立ちます。

Check フレームワークのバリエーションを増やしておこう

06 戦略をフレームワークで捉える

コンサルタントが使うフレームワークをいくつか紹介します。

経営戦略の定石が「3S」です。3Sとは「サ行」の語呂合わせで「選択-差別化-集中」です。勝ちを取りにいく領域を選択し、他社と差別化を考え、経営資源を集中してナンバーワンをめざします。ナンバーワン戦略には3つのフレームワークがあります。「商品ナンバーワン」「顧客ナンバーワン」「地域ナンバーワン」です。

孫子の兵法では、小が大に勝つ3つの戦法があります。「局所優位主義」「少数精鋭」「奇襲戦法」の3つです。現代の戦略でも、孫子の兵法は使われています。

戦略分析では、「SWOT分析」が用いられます。「S・W・O・T」がフレームワークで、「強み・弱み・機会・脅威」=「Strengths・Weaknesses・Opportunities・Threats」の4つの切り口になります。

多角化方針をフレームワークで作成した例

【他社資源のフル活用】
◆アライアンス（提携）
◆アウトソーシング
◆M&A

●インフラ、ライフライン
●住環境、都市、地球
●健康（CO_2、有害物質削減）

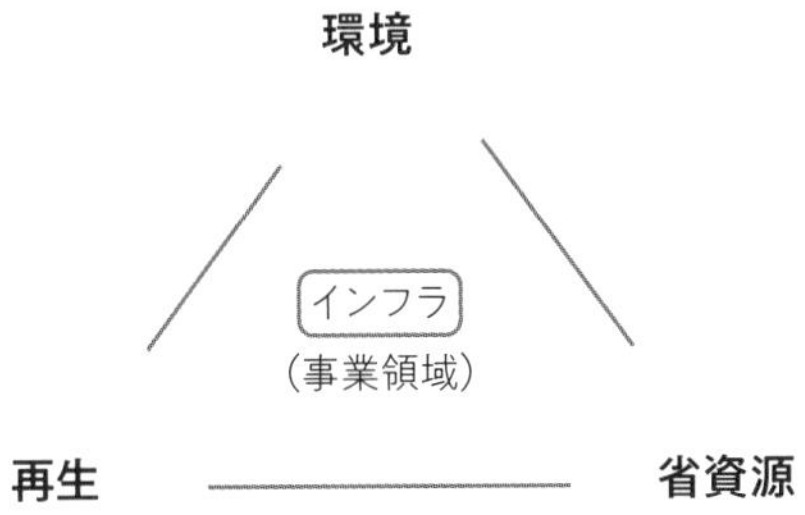

●再生エネルギー
●インフラ再生
（上下水、陸海空・地下）
●都市&設備&ビル再生

●省エネ、発電効率
●コスト削減（発電、廃棄物）
●省資源技術の開発

●国内から海外へ（ギャップビジネス）
→発展途上国に日本の技術を活用するビジネス発掘
●国内外の同業種や異業種の成功モデルにヒントを得る

› コマツ、キヤノンのフレームワーク

戦略をフレームワークにしている会社の例を紹介します。

建設重機のコマツは、「3つのダントツ」を戦略方針にしています。「ダントツ商品」「ダントツサービス」「ダントツソリューション」です。ダントツ商品として、鉱山用の巨大重機や無人運転車など、他社と圧倒的に差別化できる商品を提供しています。ダントツサービスは、GPSとインターネットを使ったサービスです。盗難防止（追跡機能とエンジン停止機能搭載）、予防メンテナンス（機器の状態監視機能搭載）、ローン未払い対策（未払い時のエンジン停止機能搭載）を遠隔操作できます。

ダントツソリューションは顧客が気づいていない需要を発見し、顧客の問題を解決します。具体的には、鉱山トラックの24時間無人運転です。トラック運転手のコスト削減は、顧客に多大なコストダウンを提供しつつ、重機の販売後も高額の運用費を回収できます。

キヤノンでは、「3つのシェア」を戦略方針にしています。「ユニットシェア」は、

販売台数のシェアの最大化、「バリューシェア」は、販売金額の最大化、「マインドシェア」は、「カメラ＝キヤノン」を顧客のマインドに植えつけることです。

フレームワークは4つ前後で大分類したものですから、図解で表現することが容易です。相手の記憶にとどめるためには図解がシンプルで、3つが最適です。フレームワークを図解で表現するためには、楕円を3つ重ねます。そして楕円の中に3つのフレームワークをキーワードとして書き込むのです。

事業領域をフレームワークの図解にした例をご紹介します（87ページの図参照）。「インフラ事業」がテーマです。具体的には、「環境」「再生」「省資源」の事業展開に分解してみました。これだけでは具体性が不足していますので、各フレームワークを3つの箇条書きに分解します。たとえば「環境」では、「インフラ、ライフライン」「住環境、都市、地球」「健康」の3つに具体化しました。

フレームワークを3つ前後に整理して図解すれば、図解作成の訓練にもなります。

Check 事業戦略のフレームワークを図解で作成してみる

07 ロジックツリーで情報を階層に分ける

論理思考の中で、「ロジックツリー」は情報整理法として極めて便利な手法です。極論すれば、頭の中がロジックツリーで整理されていれば論理思考が実践されているといえます。ロジックツリーは、直訳すると「論理の木」ですね。**ロジックツリーとは因果関係や大小関係で階層に分けて、情報を整理するのものです。**情報を階層に分けて整理することで、記憶しやすいという効用もあります。

ロジックツリーは、レベル1（大分類）、レベル2（中分類）、レベル3（小分類）、レベル4（細分類）、レベル5（詳分類）のように、階層番号をつけます。よく使われる階層は、レベル2とレベル3です。

ロジックツリーには2つの表現方法があります。パワーポイント的な図解と、エクセルを使った図表形式です。メンテナンスが容易なのは、エクセルの形式です。

企業戦略のフレームワーク例

■パワーポイント的図解

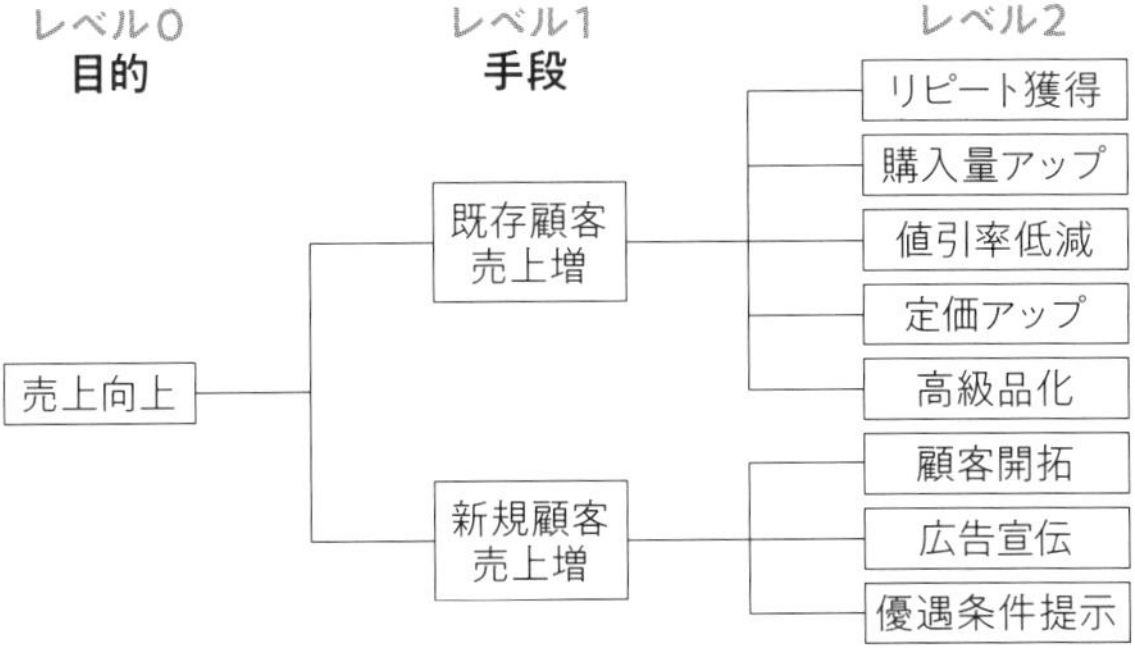

■エクセルを使った図表

主要課題：売上向上

レベル1	レベル2
既存顧客売上増	リピート獲得
	購入量アップ
	値引率低減
	定価アップ
	高級品化
新規顧客売上増	顧客開拓
	広告宣伝
	優遇条件提示

利用場面

- 会社や事業の課題を体系的に整理するとき
- 大小関係や因果関係のある情報を整理するとき
- 膨大な情報を整理するとき

大小関係や因果関係を左右に展開することで、複雑な情報を体系的に整理できる。ロジックツリーとは論理（構造）の木という意味。

本の目次はロジックツリーで作る

ロジックツリーは、ミッシー（モレやダブリがない状態）に留意することが大原則です。上位の項目は下位の項目の集合体で、各項目がミッシーであるかどうかに注意を払います。ロジックツリーを作成するとミッシーの訓練になります。

わたしは本を執筆するとき、最初に目次をロジックツリーで作成します。本のテーマに対して、目次レベルで内容がミッシーであるかを総点検します。レベル1が章立て、レベル2が大見出し、レベル3が小見出しです。目次段階でミッシーが保証されていれば個々の小見出しに集中しても、本全体ではミッシーを確保できます。

ロジックツリーはどのようなときに使えばいいのでしょうか。**情報が大量にある場合は、ロジックツリーで整理することをお勧めします。また因果関係や大小関係がある情報を整理するときにも便利です。**

情報整理をするときは、「ロジックツリーで整理できないか」を最初に問いかけます。日ごろから頭の中をロジックツリーで整理しておけば、情報のインプットとアウトプットのスピードが上がります。

ロジックツリーの作成上の留意点は、大きく分けて3つあります。

1つめは、すべての階層でミッシーにすることです。フレームワークはロジックツリーではレベル1に該当します。フレームワーク自体、ミッシーで大分類したものです。

2つめは、同じ階層の各項目の大きさをほぼそろえることです。これによって、全体がきれいなロジックツリーになります。たとえば、レベル1同士、レベル2同士の各項目の大きさをできるだけ粒ぞろいにします。

3つめは、下位項目は2つ以上に分解することです。下位項目が1つだけは禁止です。レベル2に「教養」があったとして下位項目のレベル3に「教育」だけしかないと分解できていません。分解して「雑学」も「教養」に加えたいところです。どうしても下位項目が1つしか思いつかない場合、上位項目で分解を中止します。レベル3に「教育」しか思いつかない場合、レベル2の「教養」で階層を止めます。

Check

大量の情報は、ロジックツリーで階層を分けて整理する

08
ロジックツリーを実践する

ロジックツリーの作成の際、すべての階層でミッシーにすべきと言われると厳しいですね。ミッシーにするのが難しい場合、完璧かを証明できない場合もあります。たとえば、テレビ番組のジャンル分類のレベル1（フレームワークに相当）は、「情報」「娯楽」「教養」でミッシーだと言われたらどうでしょうか。正しいようでも、絶対にモレがないかと言われれば不安です。分類できない項目が現時点で見つからなければ、「ほぼミッシー」で割り切ります。

完璧なミッシーを追求しようとするといくら時間があっても足りません。**ミッシーの完成度が重要なのではなく、ミッシーを意識して、可能な範囲でモレとダブリをなくすことに注意を向けることが最も大切なのです。**ロジックツリーは、全体像が一覧でき、大小関係や因果関係が整理できれば、それが1つの回答例です。

製造業における経営課題の例

【主要課題】収益を上げる

レベル1	レベル2
売上を上げる（短期）	既存製品の売上拡大
	新製品開発
	新サービス開発
	新市場開発
	アライアンスでビジネス開発
費用を下げる（短期）	製造費の低減
	資材費の低減（材料・部品含む）
	生産性向上
	開発費の低減
	営業費の低減
	物流費の低減
	本社費の低減
経営基盤の強化（中長期）	財務基盤の強化
	組織・人事基盤の強化
	研究・開発・技術基盤の強化
	販売基盤の強化
	生産基盤の強化
	仕入・調達基盤の強化
	情報基盤の強化
	海外基盤の強化
	経営革新の推進
	経営理念・戦略経営

- 全体像を把握するにはレベル2まで分解する
- さらにレベル3まで分解すると具体的な項目に分解できる

›作業計画にもロジックツリーは使える

ロジックツリーは情報整理に万能な手法ですから、多くの用途があります。**プロジェクトマネジメントでは、作業計画をロジックツリーで作成します。ロジックツリーで作成した作業計画を、「ＷＢＳ（Work Breakdown Structure）」といいます。**

ＷＢＳでは、プロジェクト活動に必要な全作業を管理可能な単位にまで、階層に分割します。ＷＢＳを作成するコツは、レベル1を時系列に並べることです。そして階層番号を作業の頭に付記します。「100プロジェクト推進体制の確立」「200現状分析」「300業務改革方針の明確化」「400システムの改革方針」「500システムの仕様設計」「600完了報告」のように、大きく時系列で並べます。レベル1の作業の流れを見ると、プロジェクトの大きな流れが読み取れます。

ＷＢＳはエクセルで作成して、通常、レベル3まで分解します。レベル3まで分解すると、かなり具体的な作業項目になります。そしてＷＢＳの右側には、矢印でスケジュールを引きます。

会社や組織の問題解決テーマを、ロジックツリーで作成することができます。95ページの図は製造業が収益を上げるための経営課題をレベル2まで分解しました。

会社が収益を上げるためのフレームワークは、「売上向上」「費用削減」です。「収益＝売上－費用」だからです。しかしこれでいいのでしょうか。ミッシーは、正反対の組み合わせですから、売上がインプット、費用がアウトプットでミッシーです。

さらにミッシーの完成度を上げるために、プラスワンの視点として時間軸（短期と中長期）を加えてみます。短期（1年以内）では、「売上向上」「費用削減」でミッシーです。中長期の視点は人材育成、技術開発、海外展開、財務基盤の強化など、先行投資的な経営課題です。そこで、「売上向上（短期）」「費用削減（短期）」に「経営基盤の強化（中長期）」を加えた3つをレベル1にしました。全体像を把握するためには、レベル2まで分解します。そして必要に応じてレベル3まで分解するのです。

Check

作業計画の作成や問題解決にロジックツリーを活用する

コラム 2

仕事を引き算にすると納期が読める

コンサルタントは、「全体像」を常に把握して仕事をしています。

そして問題解決を進めるためのあらゆる作業項目を、ロジックツリーで作成します。作業項目をロジックツリーで作成したものが、WBS（ワーク・ブレークダウン・ストラクチャ：作業計画）です。

プロジェクトが発足する前に、コンサルタントはWBSを作成します。WBSはレベル3（大中小分類の3階層）まで分解します。レベル3まで分解すると、作業項目が300～400項目になることがあります。「そんなにたくさんやることがあるのか」と、心配になる人もいるでしょう。

問題解決をするためには、大量の作業項目を実施することが必要です。当初計画したWBSを実施すれば、確実にプロジェクトが終了するように作成します。

やればやるだけ、残りの仕事は減るのです。つまり、仕事が「引き算」になっている状態を、計画段階に準備します。仕事が引き算になっていれば、確実に残りの作業が減るので納期が先読みできるのです。

第3章

情報収集と資料作成をロジカルに進める

01

仕事をプロセス（手順）で分割する

ミッシーは、「裏表ミッシー」のように、正反対の組み合わせが最も単純な組み合わせです。ミッシーにする簡単なもう1つの方法が「時系列で考える」です。「過去・現在・未来」のように時系列で考えると、ミッシーを確保できます。

仕事の進め方を時系列で組み立てるときにミッシーが役立つのです。言い換えれば、**仕事をプロセス（手順）にすることで、何日も要する仕事でも、必要な作業をミッシー（モレやダブリがない状態）にすることができます。**

プロセスに分解すると作業の内容が具体化するので、作業量が予測しやすくなります。たとえば、新商品の企画書作成の場合、現状分析に3時間、方針決定に2時間、具体的な商品アイデア作成に8時間、企画書の清書に6時間など、作業をプロセスに分割することで、プロセスごとに必要な時間の予測ができるようになります。

プロセス（手順）に分解して予定時間とアウトプットを明確化

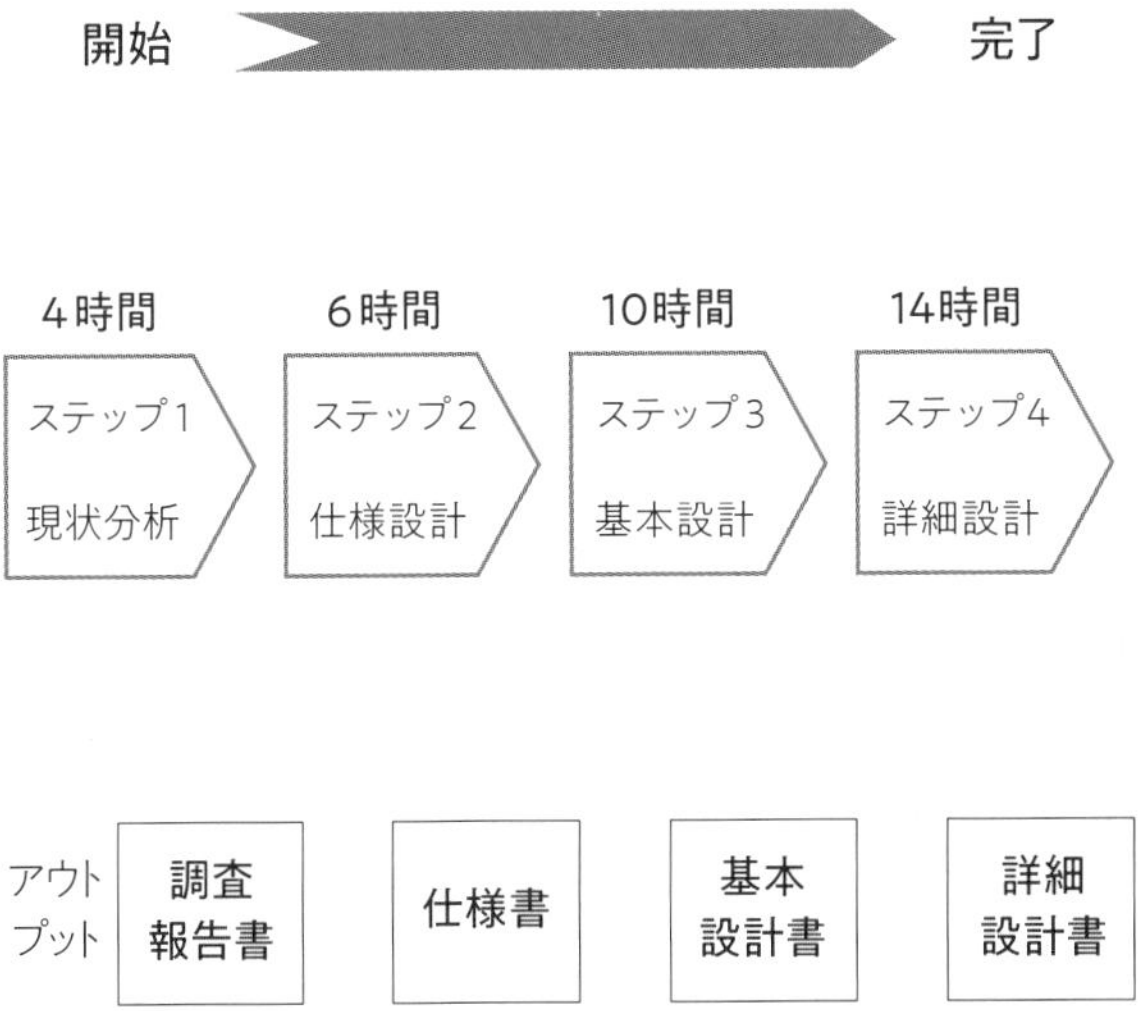

- 特に、1日で終わらない仕事はステップに分けて進める
- ステップごとのアウトプットを明確化する

› 進捗の目安がわかれば安心して進められる

半日以上かかる仕事は、プロセス（手順）に分割しましょう。最もお勧めの分割数は4つです。フレームワークは3つがお勧めですが、プロセス分割は3つだと少なすぎます。プロセスに分割する場合、「ステップ1」「ステップ2」のように、ステップという単語が一般的に使われます。半日以上かかる仕事をステップに分けると、何をアウトプットすればいいのかが具体的になります。

それでは、どんなステップ分けがお勧めなのでしょうか。**死角を作らないために「マクロからミクロに考える」ことが仕事の基本でした。具体的には「企画－設計－実施」です。**企画の前にリサーチを追加すると、普遍的なステップになります。つまり、「リサーチ－企画－設計－実施」です。

山に登るときは、それぞれの山に1合め、2合めというように何合めかという目安があります。いきなり山頂をめざすより、今何合めにいるのかの目安がわかれば、前に進んでいる実感が達成感になるのです。「リサーチが終わった。次は企画を立てよう」と仕事の進捗がわかることで、前に進んでいる達成感が湧きます。

半日以上かかる仕事をプロセスに分割したら、**各ステップの予定所要時間とアウトプットを明確にします。アウトプットの分量も仮決めしておくといいでしょう。**

プロセス分割の例で新商品提案を考えます。「ステップ1：現状分析」「ステップ2：仕様設計」「ステップ3：基本設計」「ステップ4：詳細設計」と4つに分けます。ステップ1の完了時点で調査報告書をアウトプットします。同様にステップ2のアウトプットは仕様書、ステップ3は基本設計書、ステップ4は詳細設計書です。アウトプットを決めたら、分量を仮決めします。たとえば、10ページなのか、200ページなのかで、作業量も大きく左右されます。

アウトプットと分量を決めたら、どれくらい時間が必要かを予測します。たとえば、ステップ1で調査報告書が10ページの予定であれば、何時間くらいかかるというように見積り時間を計画段階で仮決めします。

Check

仕事をプロセスに分割し、時間とアウトプットを見える化する

02

情報の引き出しを増やす

情報は待っていても集まってきません。自ら主体的に情報収集する姿勢が大切です。**目的が明確になれば、情報収集を徹底して行います。** たとえば、クライアントから問い合わせを受けて訪問するときには、かなりの事前調査が必要です。

コンサルタントの場合、上場企業であれば少なくとも過去3年間の有価証券報告書を読むことは、クライアントに対するマナーです。クライアントを訪問して、「売上高は?」「企業業績は?」「社員数は?」など、有価証券報告書に書いてある内容を質問するようでは即退場です。主要な基礎データは、頭に入れてから訪問します。

またクライアントの業界動向、同業の成長企業、競合の有価証券報告書にも目を通すことはいうまでもありません。そして具体的な質問、たとえば「なぜ御社は競合に比べて、在庫回転率が低いのですか?」というような質問を準備します。

情報収集の継続で情報の引き出しを増やす

【読む】本、新聞、雑誌を読む

(目的) 知識を広める
- 自分で読むから頭に残る
- 深い知識は本から学ぶ
- 世のトレンドは新聞や雑誌

【行動する】人から情報収集

(目的) 体験で生の声を聞く
- 情報収集の人脈を広げる
- 生の声だから実感できる
- 問題解決のヒントを探す

新聞、書籍は大事な情報源

インターネットで入手できるニュースでは、情報の深さが限られます。また、自分の頭で考えるためには電子版でもいいので、新聞の生の記事を読むべきです。自ら情報を集めにいく、そして情報の引き出しを多くしなければ差別化ができません。ビジネス誌や経済専門誌を毎週2～3冊は読んで、社会や業界のトレンドを把握しておきましょう。毎週読み続けることで、世の中の動向が読めてくるのです。

マネジメントの本を読んで知識を深めることも必要です。ある会社の経営者は、1日1冊本を読むため、飲み会の2次会は絶対に行かないそうです。コンサルタントのレベルをめざすなら、1カ月に2～3冊は本を読みましょう。マネジメントや戦略の本を読むといいでしょう。『三国志』は何巻にもわたる大作ですが、戦略の古典として面白い内容です。中国という国のしたたかさが垣間見られるでしょう。

好奇心を旺盛にして情報収集に積極的になりましょう。

素朴な疑問を大切に、わからない言葉があれば、すぐに調べます。**日々小まめに**

情報収集することで、情報の引き出しが増えていくのです。

情報収集のパフォーマンスも重要です。テレビは情報番組を見てください。ニュースを見るなら、衛星放送のNHKニュースか、経済ニュースを中心とした情報番組を見ましょう。ただし、テレビを見るには時間がかかります。そこで毎日録画をして、1時間番組を10分以内に飛ばし見してパフォーマンスを上げましょう。

生の声を聞く、つまり人から直接情報収集することも大切です。

コンサルタントであればクライアントを訪問したとき、問題意識のある生の声が聞けます。また社内見学や工場見学をする機会があれば、積極的に参加しましょう。自分の目で見て感じたことは心に響きます。自信を持って地に足が付いた思考ができます。

情報収集の人脈を広げることも大切です。人から情報収集するときは、自分から話すより相手に質問すると情報が集まります。

Check

新聞、書籍、情報番組、そして生の声を直接聞いて情報をためていく

03

相手から情報を引き出す「Yes・But法」

「聞き上手は話し上手」といいますが、どうすれば聞き上手になれるでしょうか。自分から話すより、相手に話してもらった方が、情報収集もできて一石二鳥です。

話し相手から自然に情報を引き出す話し方に「Yes・But法」があります。**「Yes」は、「なるほど、あなたの言いたいことは～ですね」と相手の話を受け止めます。もし反対意見があるとしたら、相手を肯定した後に自分の意見を述べます。**

いきなり相手の話に、「それは違うよ」などと反対するのは子どもの反応です。「なるほど、あなたの言いたいことは～ですね」と意思表示するコツはたった3つです。「①相手の言葉の一部を繰り返す」「②相手の気持ちを言葉にして返す」です。③は、①と②を適度に繰り返せばいいのです。①は、話し手自身が言った言葉なので、話し手を肯定する話し方です。②は、よき理解者という共感が得られます。

「Yes(イエス)・But(バット)法」で話がスムーズ

ちょっとしたことで相手に与える印象をアップできる

そうなんですよ！

Yes

なるほど、あなたの言いたいことは~ですね
①相手の言葉の一部を繰り返す
②相手の気持ちを言葉にして返す
③上記の①と②を適度に組み合わせる

But

~という意見も考えられますね

- 頭ごなしに相手の提案を否定しない
- とりあえず自分の意見を受け止めてくれたという安心感
- 自分が認められたので、相手のことも認めようとする気持ちになる

信頼関係が築ける会話、築けない会話

「Ｙｅｓ・Ｂｕｔ法」を例に考えてみましょう。

相手が「先週の金曜日、大阪に出張したんですよ」と話したとします。自分の意見を言うのは当面お休みです。

「先週ですか？」「金曜日ですか？」「大阪ですか？」と、相手の言葉の一部を返すのです。相手は否定要素がないので「そうなんですよ」と無意識に思い、あなたへの好感度が上がるのです。「そうですか」などの返事では、そっけない印象です。

次に②の相手の気持ちを言葉にして返すのです。楽しそうに話していると感じたら、「楽しかったんですか？」と聞き返します。質問形式になると、ますます相手は話が弾みます。「よくぞ聞いてくれた」と、相手の気分は上がります。

そして「③上記の①と②を適度に組み合わせる」があります。①と②を適度に組み合わせることでますます相手はご機嫌になります。その結果、聞き返しているあなたに対し「自分のことを理解してくれるいい人だ」と好感度が上がるのです。

Ｙｅｓを繰り返すと、相手に反対意見を言っても拒否されにくくなります。そこ

で「しかし（Ｂｕｔ）、大阪の夏はムシ暑いですね」と言っても許容されるのです。

クレーム対応は、「オールＹｅｓ法」で話し手のストレスを発散させます。顧客がクレームで怒っているのに、頭ごなしに「しかし（Ｂｕｔ）」や「ダメです（Ｎｏ）」と回答すると、火に油を注ぎます。クレーム対応は、「オールＹｅｓ法」で、「①相手の言葉の一部を繰り返す」「②相手の気持ちを言葉にして返す」「③上記の①と②を適度に組み合わせる」を、相手が冷静になるまで徹底して繰り返します。

クレームを言っている顧客は同情してほしいのです。「ご迷惑をおかけしました」「お気持ちは痛いほどわかります」などと伝えましょう。**論理的に説明するのは、相手が落ち着いてからです。「そうですね～」を繰り返すだけで聞き上手になります。**

聞き上手は話し上手ですが、３つのキクを使いこなすのも一案です。キクには、「聞く（hear）」「聴く（listen）」「訊く（ask）」の３つがあります。質問が相手の参画意識を高め、コミュニケーションがスムーズになるのです。

Check
自分の意見を述べるのは、相手を肯定してからにする

04
伝わるパワーポイントの基本

コンサルタントが作成する企画書は本文で30ページ、参考資料で50ページは当たり前です。パワーポイントで作成した大量の資料が必要になります。

パワーポイントは幸いにも、図解でスペースを稼ぐことができます。また文字は大きめなので、1ページあたりの文字数も少なめに抑えられます。

逆にいうと、図解が書けなければ論外ということです。

また複雑な内容でも、短くてわかりやすい文章を書かなければ報告書を大量に作成することができません。

パワーポイントによる資料を大量に作成し、わかりやすい報告書を作成するためには、1シート1メッセージが基本です。

1ページに「要するに何を言いたいのか」という結論は1つに絞ります。

パワーポイントのページフォーマット

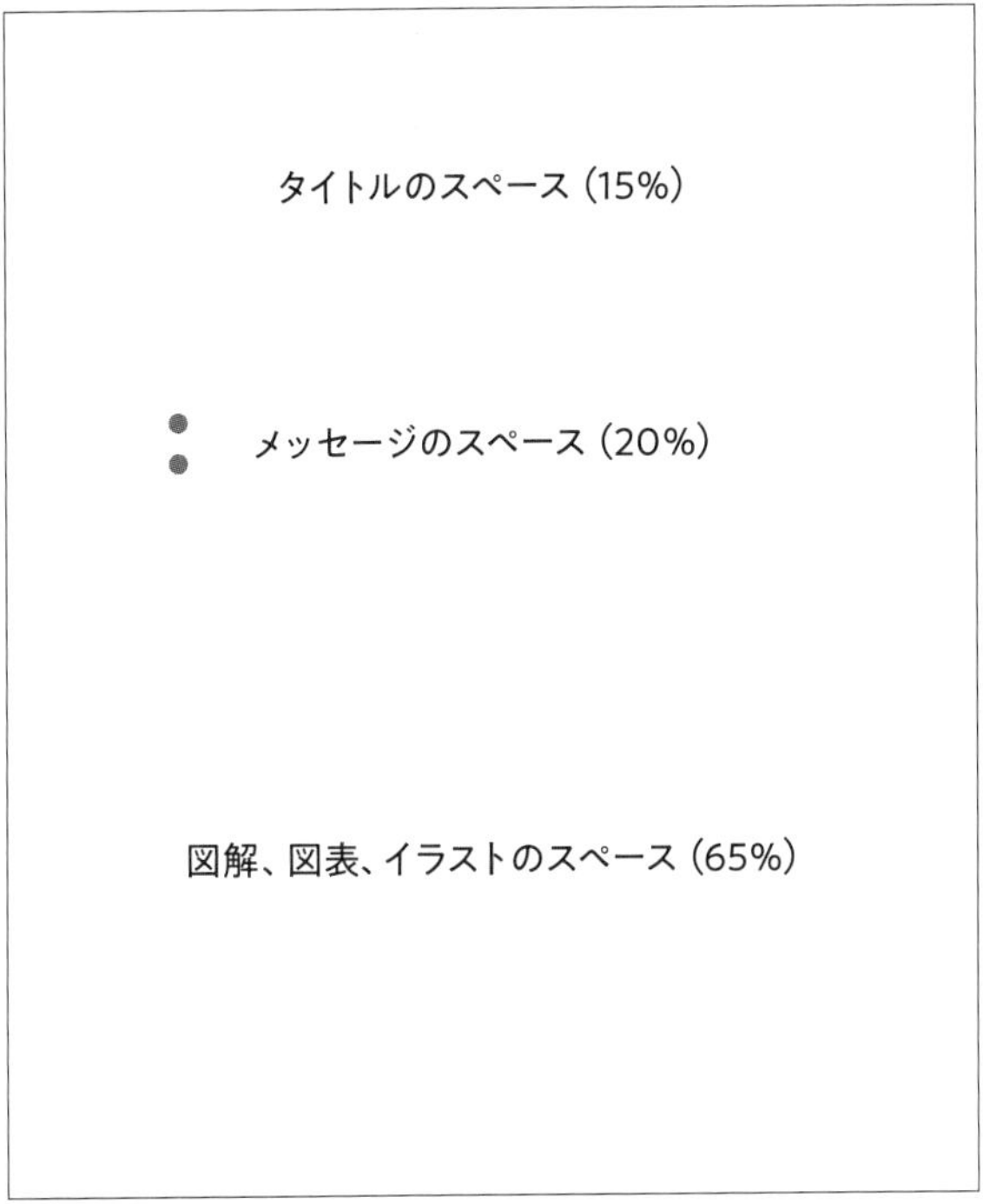

●タイトルの文字の大きさは24〜28ポイント
●メッセージの文字の大きさは20〜24ポイント前後で箇条書き
●図解の文字の大きさは20ポイント

代表的なページフォーマットを決めておく

パワーポイントのページフォーマットは決めておきましょう。見やすいのはもちろん、統一感がある企画書や報告書は相手から見れば、できがよい印象です。

1枚のパワーポイントに入る情報は、**「タイトル（目的）」「メッセージ（要旨）」「図解・図表（詳細内容）」**です。ページフォーマットの例（113ページの図）をご紹介します。タイトルスペースを最上段に15％程度確保します。文字の大きさも24～28ポントを基準にします。メッセージのスペースは、20％程度確保します。短めの箇条書きで20～24ポイントを基準にします。箇条書きは最大3項目で、1項目が1行に収まる文字数にします。

最下部の65％のスペースは図解か図表を中心に使います。また図解の文字の大きさは20ポイント、図表はエクセルなどで作成したものを貼りつけます。

「要するに何を言いたいのか」がわかる1シート1メッセージを心がけます。

複雑な図表を作成して「これを見てみなさんで何を伝えたいか考えてください」

と言うのは失格です。
アニメーション、色使い、文字の大きさに凝る人がいますが、作成時間が人一倍かかり、細かい手直しも必要になります。アニメーション、色使い、文字の大きさなどは「仕上げ」ですので、最後にまとめて行いましょう。その方がはるかに効率的で、全体のバランス調整をしながらページ間の統一ができます。何度も書き直して、元に戻すやり直し作業も激減します。

アニメーションを多用する人がいますが、「ここぞ」というときに使うべきです。アニメーションが多すぎると、聞き手は目が疲れてきて集中力も落ちるのです。ある報告会で20人の若手社員による制限時間15分の発表がありました。気合いが入ったせいか、アニメーションを多用しすぎた人が多くいました。制限時間に間に合わず、最後はパワーポイントを先送りしましたがアニメーションが多すぎて先に進めません。彼らは次回からアニメーションを限定して使うようになりました。

Check

パワーポイントはフォーマットの統一感を大切にしよう

05

伝わる文章を書くコツ

わかりやすい文章とわかりにくい文章は、どこが違うのでしょうか。人間の思考回路という観点から、どうすればわかりやすい文章が書けるかが見えてきます。

人間が考える領域は、コンピューターではCPU（中央処理装置）です。考えるために情報を引き出してくるのが、情報を記録しているハードディスクです。ハードディスクは人間の大脳に相当します。人間が考える場合、外部からのインプット情報を、CPUに付随している一時記憶保存領域に取り入れます。インプット情報を理解するためハードディスク（人間の大脳）に過去の蓄積情報を探しに行きます。

人間のCPUの一時記憶保存領域には、7つ前後しか記憶する容量がありません。

わかりにくい文章とは、人間のCPUである考える領域が情報で満杯になり、ハードディスクにアクセスできなくなる状態にする文章です。

人間は脳の記憶のデータベースを使って考える

人間が、文章を読んで理解するメカニズム

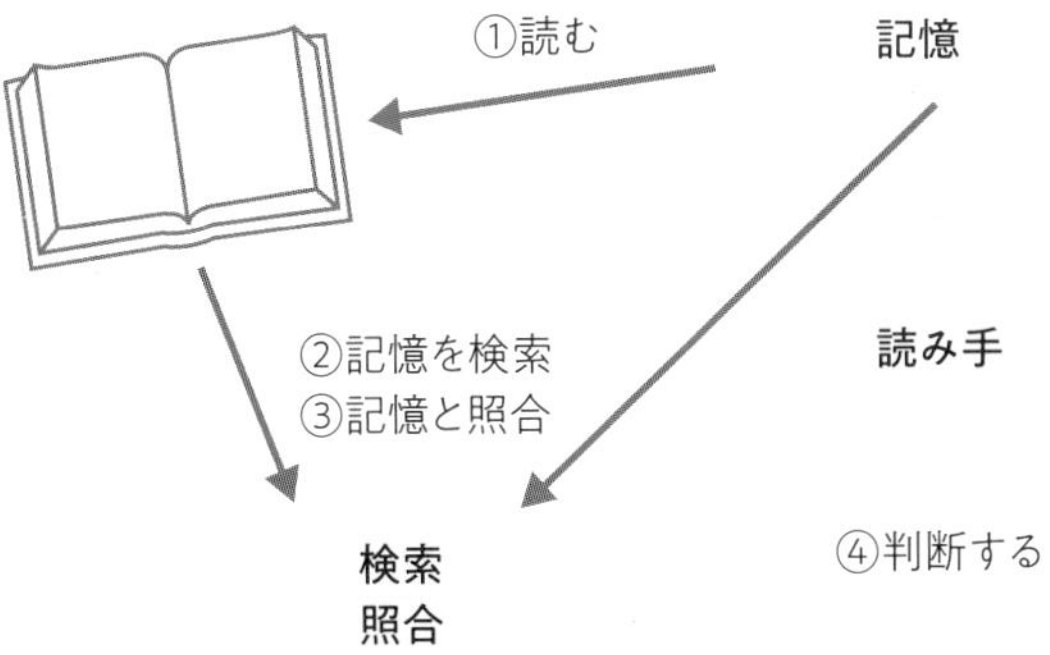

わかりやすい文章

記憶にある単語	経験がある話
今までの理解と一致 (読み手の常識に合致)	筋道が通っている話
短めの文章	適度な情報量 (無理なく考えられる)

文章は1センテンス・1メッセージで40字以内

遠回しな文章、長い文章は、情報が詰め込まれすぎて、読み手の考える領域が情報で満杯になってしまいます。また、知らない言葉がインプットされるとか、自分の未知の領域では、情報が氾濫し、思考停止になることが多いのです。

わかりやすい文章の条件は**言葉が短め、1つの文章に入る情報は1つ、読み手が知っている言葉を使う**などです。1つの文章に1つの情報を入れることを、1センテンス・1メッセージ（1文1伝言）といいます。1つの文章に1つのメッセージ（伝えたいこと）と割り切ります。2つ以上のことを書きたいなら、文章を分けます。

最も簡単な1センテンス・1メッセージのコツは、40字以内を意識して文章を書くことで作れます。40字はワープロの1行です。1行以内に収まる文章を意識的に書くことで、結果的に1センテンス・1メッセージになります。

接続詞がなくても話が通じる場合は、できるだけ接続詞を省きます。接続詞「しかし」は、連続で使うと話が複雑になり混乱するため、少なくとも1つの段落に1

つにしましょう。「しかし」が連続するときは、文章の順番を入れ替えてください。

箇条書きもミッシーに留意します。箇条書きを3つ書いたとします。箇条書き同士にダブリがなく、3つの箇条書きを合わせるとミッシーになるように作成します。

新規事業を行うために、留意点を箇条書きにする場合で考えてみましょう。「①既存事業の相乗効果が活かせる分野を選択する」「②他社提携も含めた資源確保を考えてスピードを上げる」「③身の丈に合った投資額に抑える」という具合です。

3つの箇条書きをシンプルにすると、「①自社資源活用」「②他社資源活用」「③最小投資額」となります。箇条書きがミッシーになっているかどうかを確認するためには、箇条書きをキーワード（単語）に要約すればいいのです。

戦略やマネジメントで有名な米国の学者の著書では、箇条書きは必ずミッシーです。マネジメントのP. F. ドラッカー博士、競争戦略のM. E. ポーター博士、マーケティングのP. コトラー博士など、論理的だからこそ認められているのです。

Check 読み手の負担を減らす、1センテンス・1メッセージが基本

06 伝わる図解を作るコツ

図解を身近に使いこなす第一歩は「図解の三種の神器」を知ることです。**図解の三種の神器とは、「図形枠、キーワード、矢印」です。**これだけで図解を書けます。

図形枠は、四角形、楕円形、三角形の他、立体図形を利用してもかまいません。図形枠があれば、それだけで図解らしくなります。

キーワードは単語でも文章でもいいのですが、できるだけ短い文章で表現するために、キーワードと覚えておきましょう。箇条書きもキーワードの仲間に入れます。図形枠の中にキーワードや箇条書きを入れると図解になります。

矢印ですが、矢印に限らず直線や曲線などの広義の線と理解してください。頻度として矢印が多く使われるので、矢印と覚えておきます。図形枠同士を矢印でつなぐと、その関係を表現できます。原因と結果、プロセス手順などです。

図解の三種の神器「図形枠、キーワード、矢印」+イラスト

●文字に固執しない
●文字も図解の1要素

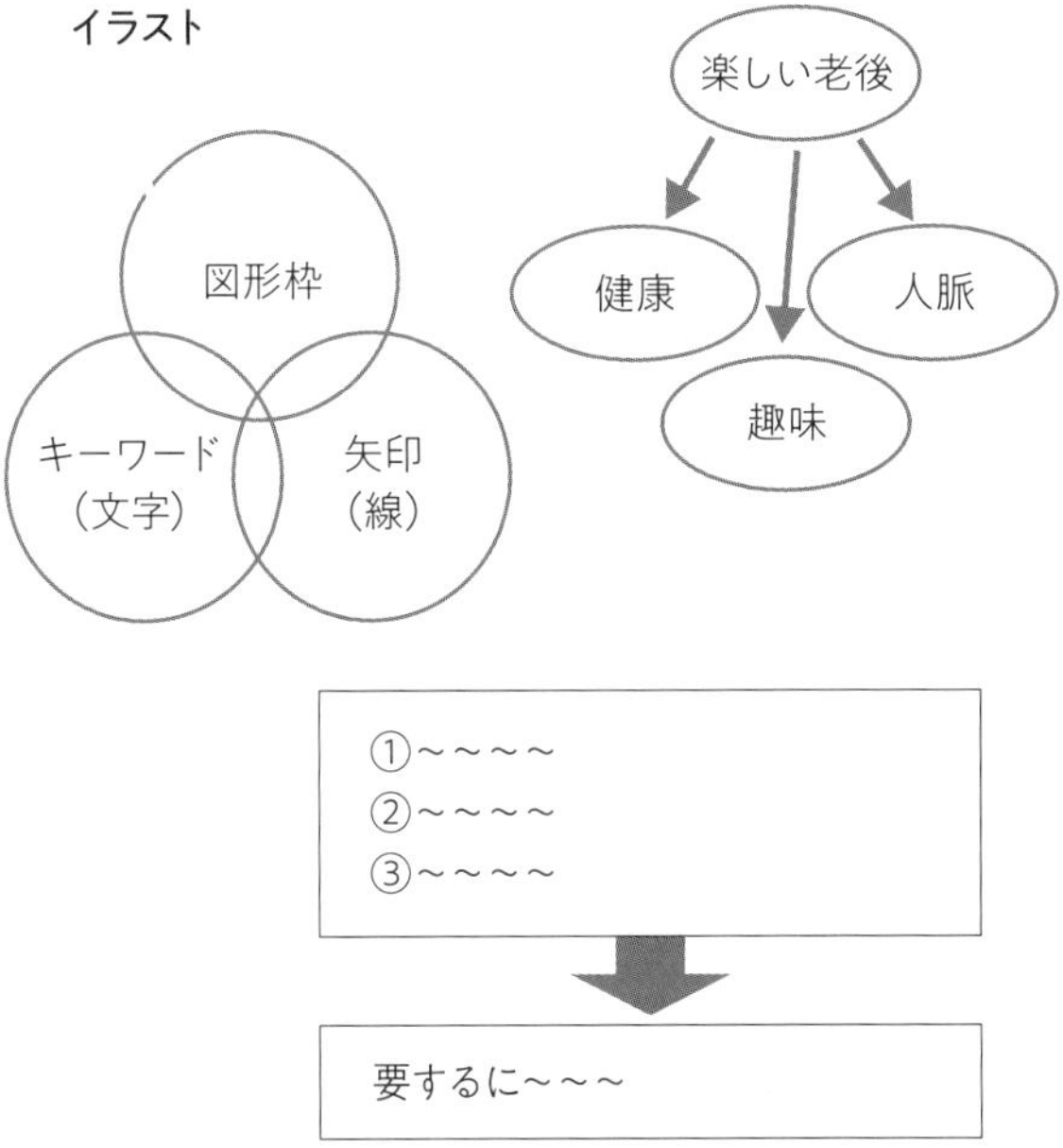

●キーワード（文字）を図形枠で囲むだけでも図解らしくなる
●図形枠を矢印（線）で結べば、図解として通用する

図解は図形枠とレイアウトを先に

図解の三種の神器を使いこなすには、順番があります。まず図形枠を書きます。図形枠の大きさは、文字数と文字の大きさを想定して、適度な大きさを心がけます。パワーポイントを使う前に、必ず手書きでレイアウトを書いておきます。手書きを見ながらパワーポイントで作成すると、図形枠の位置調整の回数が減らせます。同じような図形枠のコピーは同じページ内なら「Ｃｔｒｌ＋Ｄ」が便利です。

図形枠ができたら、キーワードを図形枠の中に書き込んでいきます。同じ図形枠の大きさの場合、たとえば5字前後というようにできるだけ文字数をそろえます。手図形枠、キーワードが書き込まれたら、**矢印で図形枠同士をつないでいきます。**手順のような順番があれば、順番どおり矢印でつないでいきます。また、原因と結果の関係であれば、原因から出発して、結果の方向に矢印を向けます。

図解の三種の神器による伝えるテクニックも大切ですが、「何を伝えたいか」「伝えたいメッセージが明確か」が大前提です。そこを改めて見直しておきましょう。

まずタイトルを決めます。「要するに何が言いたいのか」というメッセージの要旨を1つだけ、短い言葉で表現します。メッセージの要旨がタイトルになります。次にメッセージの要旨であるタイトルの内容をわかりやすく伝えるため、図解を作成します。枝葉を見る前に、山や森を見てください。

図解で難しいと感じるのは、全体のレイアウトです。文章に慣れていると、左から右、上から下へと、一直線に書くクセが染みついています。上下左右の2次元を縦横無尽に自由に使うことに慣れましょう。

パワーポイントでの作成の前に、必ず手書きでラフレイアウトを書きます。時間短縮のために手書きではできるだけラフに、あまり詳しく書かずにすませます。下書きに慣れてきたら、手書きでの文字は時間短縮のために省略するよう心がけましょう。手書きで全体レイアウトやメッセージが決まったら、パワーポイントで清書します。「初めは大胆に、仕上げは最後に」を心がけます。

Check 「図形枠、キーワード、矢印」の図解の三種の神器を活用する

07

図解の6つの基本パターン

図解の基本についてご紹介します。図解の基本的な流し方を理解しておけば、レイアウト設計時に役に立ちます。**基本的な流し方として、上から下、左から右、左右振り分け、ランダムの4パターンがあります。**

まず上から下に流す最も標準的なものがあります。次に、左から右への流し方です。逆に、右から左の場合もあります。これらが最も基本的な流し方です。

次が左右振り分けです。両項目が対等な場合、逆に両項目が相互矛盾する対立の場合などに使います。4つめがランダムです。矢印で複雑な相互関係をつなぎます。

人間の目線は、左上から下へ、左上から右へ、左上から斜め下へという方向に移動します。全体レイアウトも、目線の流れに逆らわないように配置すると、自然な流れになります。影をつける場合は、右下に影をつけるのが自然です。

図解のシックス・メソッド（6つの手法）

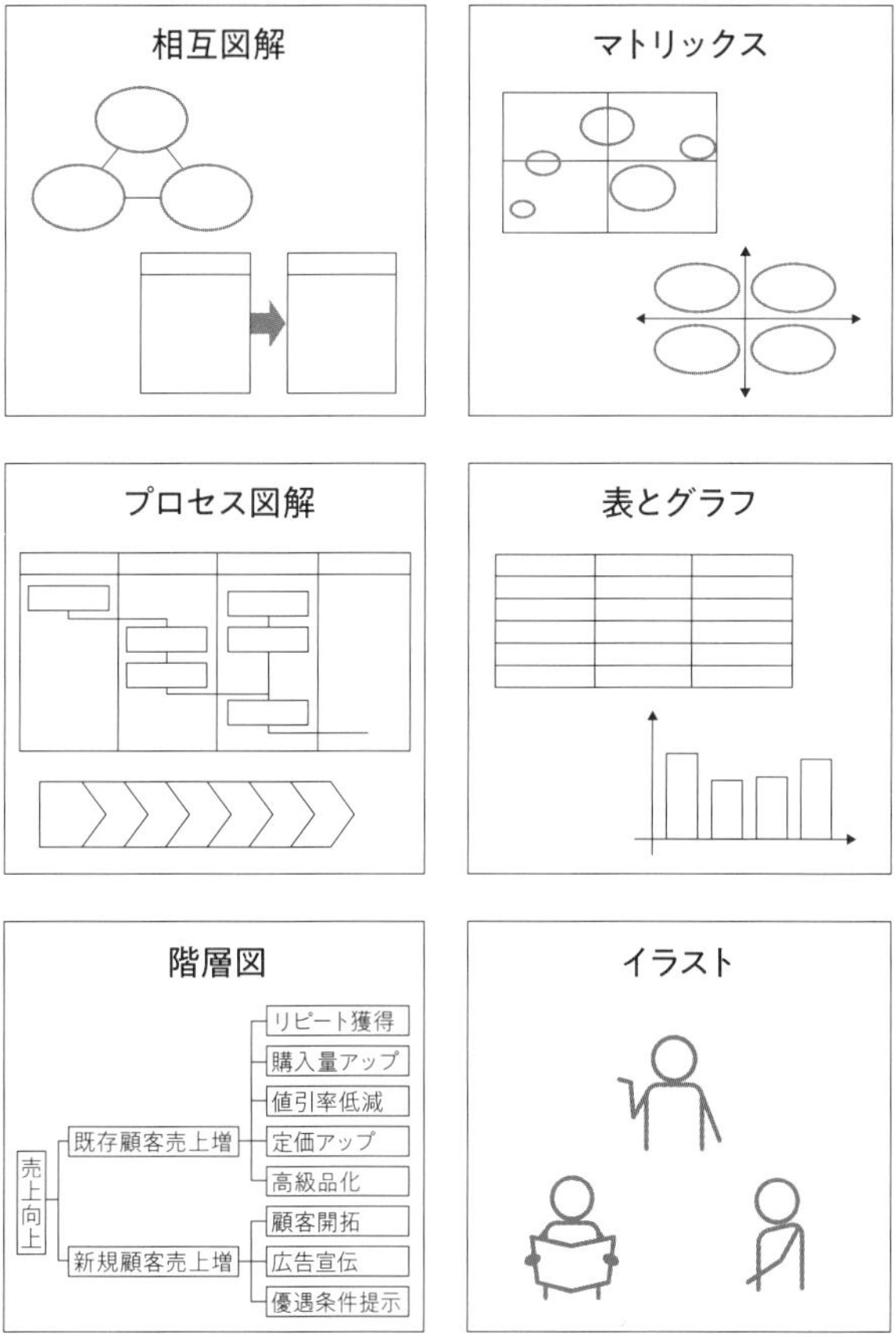

› パターンが見つかる「シックス・メソッド」

図解の6つの基本パターン「シックス・メソッド（6つの手法）」を紹介します。どんな図解にしたらいいかわからないとき、使えそうなパターンを探しましょう。

(1)相互図解

相互関係を①重複関係、②相関関係、③因果関係、④積載関係の4つに分類することができます。

①重複関係は、円や楕円の図形枠を用いると簡単に書くことができます。②相関関係は、図解と矢印を使って表現することができます。具体的には対立関係や循環を矢印で表現することができます。③因果関係は、原因と結果を矢印で表現できます。④積載関係は、直方体のような立体図形を重ねてもいいし、四角形のような平面図形を重ねても表現することができます。

(2)プロセス図解

プロセス図解は、手順が関わるほとんどの場合に利用できる図解メソッドです。

プロセス図解の基本は、図形枠を矢印でつないで順序関係を表します。プロセス図形枠は、通常左から右、または、上から下に順番を追っていきます。

(3)階層図

階層図は、情報の大小関係や因果関係で、何段階かの階層に分けられる図解メソッドです。相互関係図解の一種で、代表例がロジックツリーです。

(4)マトリックス（格子）

マトリックスの代表例が、ボックス図解です。ボックス図解とは、エクセルで縦横の項目を決めて、情報を書き込んでいくものです。

(5)表とグラフ

表とグラフは、エクセルを使って情報を整理します。文字情報だけでなく、数値データも表にできます。数値データの場合、グラフを添付するのが親切です。

(6)イラスト

イラストは状況を伝えたい、イメージで伝えたい場合に使える図解メソッドです。

Check 図解の書き方で迷ったら、シックス・メソッドで最適のモデルを探す

08

数字の変化が伝わるグラフのコツ

数値データを記載した図表作りには、エクセルを使います。エクセルは計算式を自由に設定でき、数値図表に便利です。数値図表を使ってグラフを作成できます。

エクセルで数値データ表を作成したら、グラフにして第三者にわかりやすく伝えるようにしましょう。

グラフはパワーポイントに貼りつけられます。グラフの横に、数値データ表も併せて貼りつけると、細かい数字が一覧表で見られるので便利です。

グラフの種類としては円グラフ、棒グラフ、パレート図などがあります。時間や数量、金額などを多い順に並び替えて棒グラフにします。多い順に並べるのは、優先順位をつけるためです。パレート図は、「上位20％の項目が全体の80％の事象を占有する」というパレートの法則（20対80の法則）に基づきます。たとえば、上位20％の得意先が自社の80％の売上や利益をもたらす、というものです。

グラフは下部をカットすることで変化を強調できる

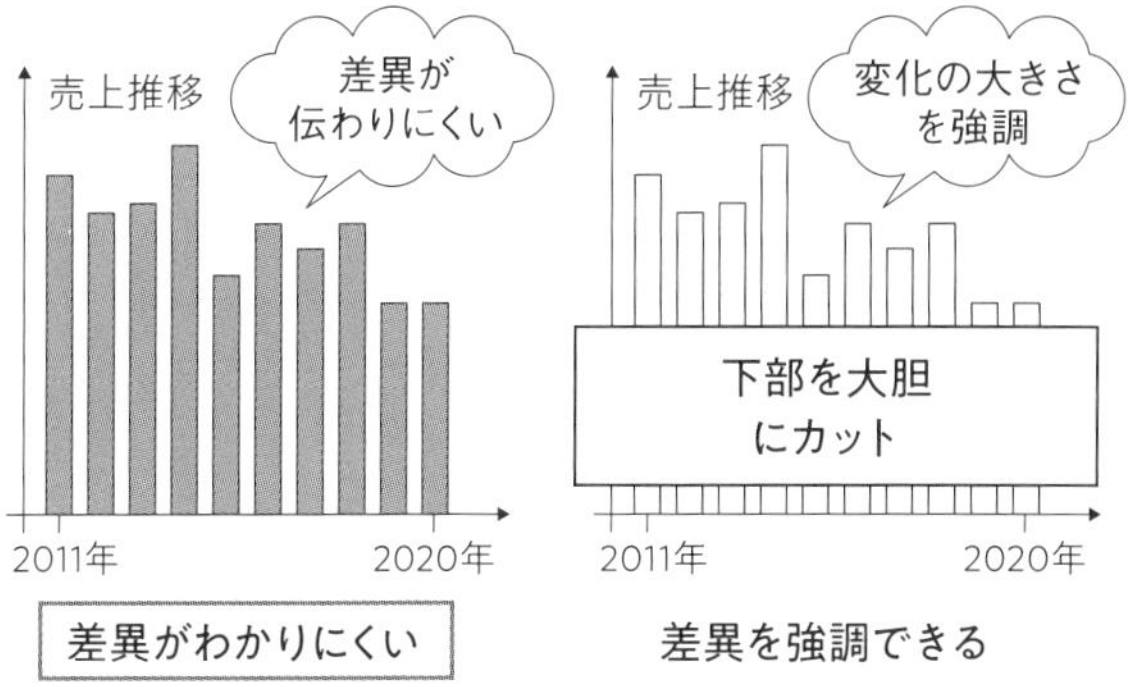

●差異が強調されていない　●下部をカットして上部の差異を強調

枝葉の情報を省略して単純明快にする

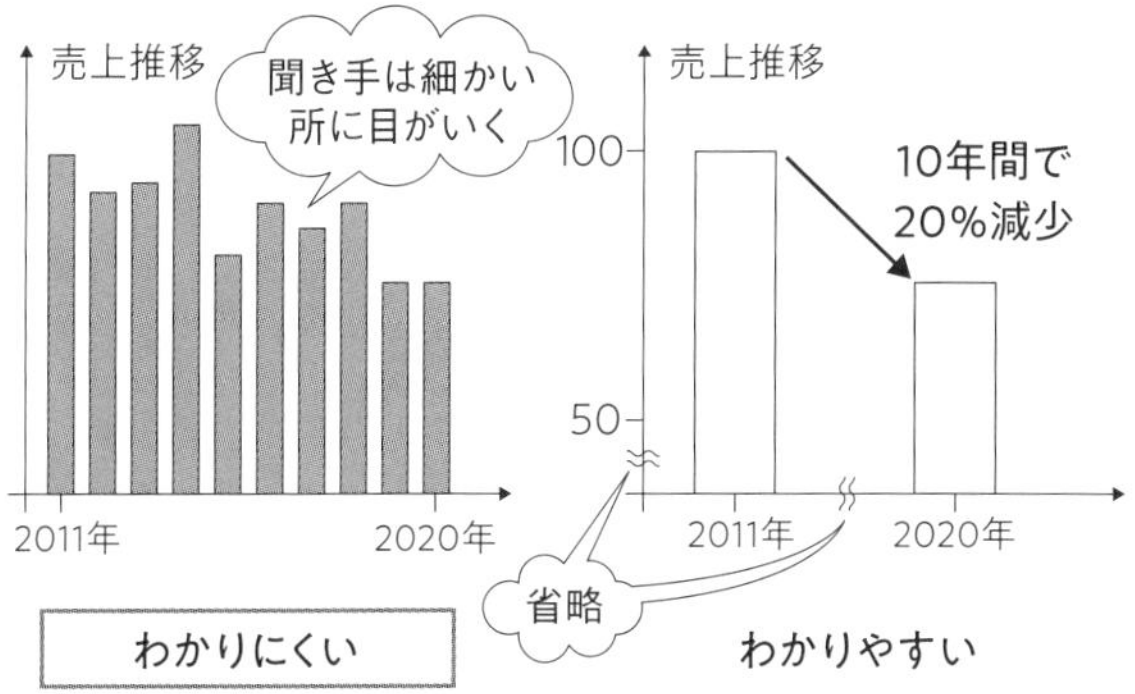

●メッセージが伝わらない　●単純なほうが意図が伝わる
●聞き手によって感じ方がバラバラ　●聞き手を思う方向に誘導できる

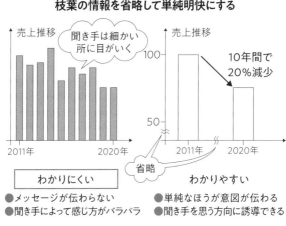

省略で変化を強調する

コンサルタントがよく使うグラフのテクニックとして、**棒グラフの下部の省略**があります。10年前の売上高が100億円、今期が80億円だったとします。10年間の売上推移を棒グラフにしてみましょう。

パターン1は通常の方法で、縦軸は売上高、最下部を0、最上部を120億円くらいで作成します。10年間の変化率は10：8で、減少率は20％です。

パターン2は棒グラフの下部を省略する方法です。縦軸は売上高、最下部を50億円だけ省略します。10年間の変化率は、棒グラフの長さとしては50ずつ減らすので、10年間の変化率は5：3で、減少率は40％です。パターン2の方が、減少率を強調できます。逆に成果をグラフで強調することもできます。プラスの効果があったときも、グラフの下部を省略することで上昇率を強調することができます。

グラフは第一印象が大事です。第一印象で「増えている」「減っている」という変化がクライアントに伝われば、コンサルタントが意図した方向に話を誘導できます。

パワーポイントが1シート1メッセージであるように、グラフも1グラフ1メッセージが原則です。たとえば、「利益が減っている」あるいは「コスト上昇が激しい」という誘導したいメッセージを明確にします。1メッセージに誘導しなければ、相手がいろいろな解釈をしてしまい説得力がなくなります。「要するにこうなっています」と言いきることが大事です。「わずかな変化から読み取ってください」では、相手はグラフとにらめっこで思考が停止します。何ごともわかりやすさが大切です。

枝葉の情報を省略して、グラフを単純明快にするテクニックも効果的です。

10年前の売上高が100億円、今期が80億円だったとします。10年前と今期の2つだけの棒グラフにするのです。メッセージは1つですから「10年前より20%も減少している」ということだけを伝えます。そして「このまま放置していいのですか」という危機感を強調すると効果的です。

Check **グラフでは変化を強調し、枝葉の情報は省略するのも有効なテクニック**

コラム3

趣味を始めることの意外な効用

「十年一昔」といったのは20世紀の話。いまや「一年一昔」といっても過言ではありません。また会社の決算は「四半期決算」が常識です。つまり現在の1年間は、以前の4年間に相当するといっても過言ではないのです。

変化が激しい今日、情報はインターネット上にあふれています。かつてのコンサルタントは、情報収集力が差別化できる要因でした。しかし現在、インターネット上の情報だけでは、コンサルタントの差別化になりません。

自ら情報を集めにいく行動力も必要です。アジア諸国に強いあるコンサルタントは、アジア諸国に毎月自費で渡航して、現地の企業・経済動向調査を続けています。自分の足で情報を集めるから、ネットに流れない「生の情報」が入手できるのです。

コンサルタントが一目置かれるためには、多彩な趣味を持つことも必要です。趣味があれば、人と同じ情報を見ても、関心を持って見るので記憶に残ります。

たとえば、外国為替証拠金取引（FX）や株式投資が趣味であれば、経済ニュースを真剣に見るでしょう。また重要な情報か否かの識別もできるようになります。

第4章

ロジカルシンキングを生かした発想術と仮説思考

01
頭が柔らかい人は「発散－収束」で考える

わたしたちの思考は狭い範囲の中で限定されているため、今までの延長線上で考えるクセがついていて、発想転換をしにくくなりがちです。**視野を広げて、よりよい解決策を探すために「発散－収束」をワンセットで考える**ことをお勧めします。

「発散」とは、より広い可能性の中から解決策を探し出すために、アイデアや情報収集に努めて、より多くを得ることです。「収束」とは、玉石混淆の情報の中から優先順位をつけて整理・厳選することです。

わたしたちの思考を停止させるのは、「いいアイデアを出さないといけない」「いつまでにまとめなければいけない」という義務感や緊張感です。義務感や緊張感を感じると気持ちが受け身になり、自由な発想が妨害されます。よりよい解決策を生み出すには、自由な発想でアイデアを出し、可能性を広げるプロセスが不可欠です。

視野を広げよりよい解決策を見出す原則「発散と収束」

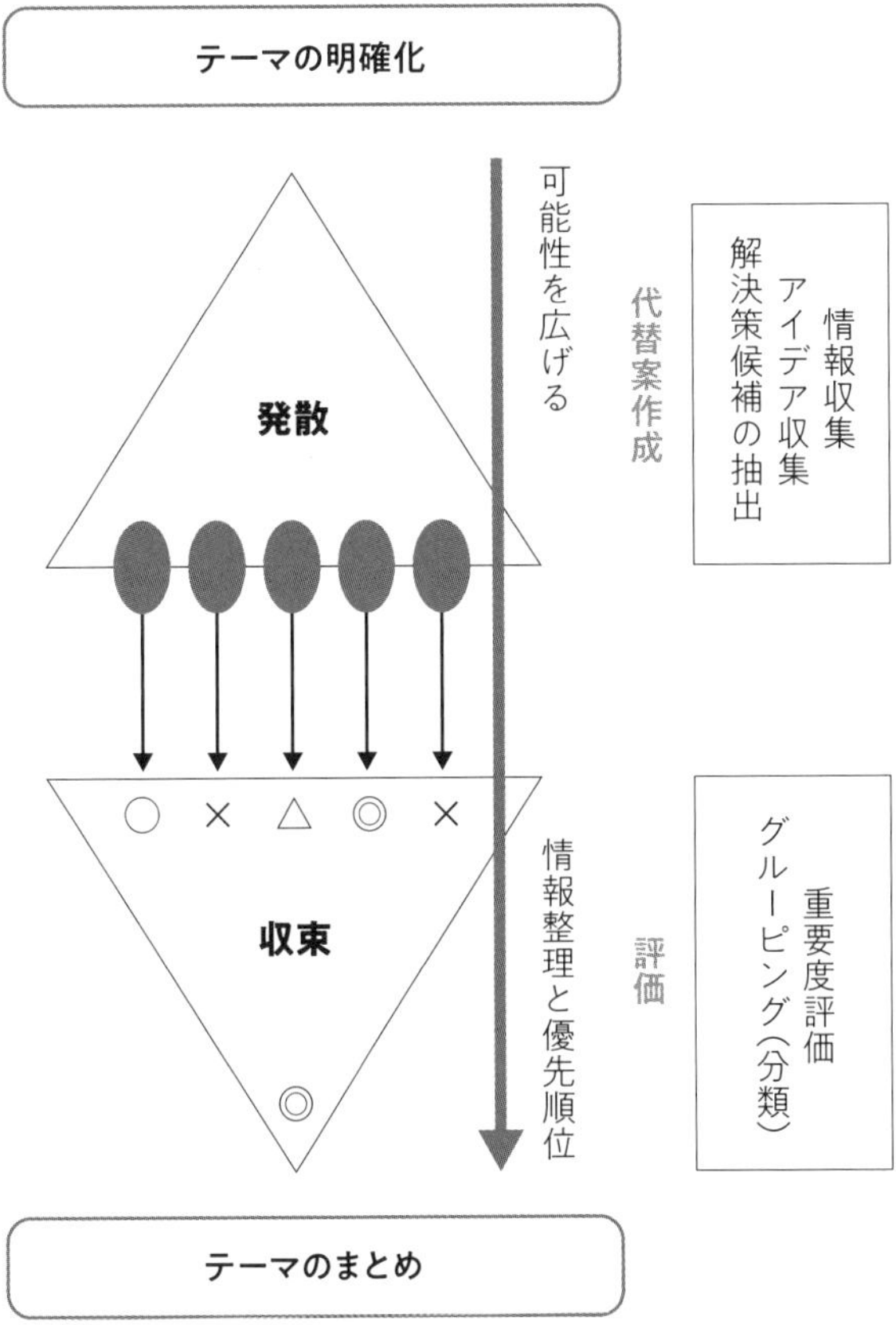

思いつきの案にすがるのは愚の骨頂

上司が部下に解決策を相談する場面を考えてみましょう。

上司は部下を集めて「売上アップのため何か画期的なアイデアはないか」と問いかけます。部下たちはしばらくじっと下を向いて、嵐が過ぎ去るのを待っています。やがて上司は沈黙状態にしびれをきらします。部下を1人ずつ指名して、アイデアを強制して出させます。

「こういうのはどうでしょうか。あまり自信がないのですが」と部下は渋々答えます。上司はすかさず「素晴らしい！　君は詳しそうだから、君が担当者だ。明日までにレポートをまとめてみんなの前で発表してくれ。よろしく！」とすがります。

部下にとっては、恐れていたことが現実になりました。しかし翌日、部下が提案したアイデアや対策は、満足のいくものではありませんでした。

たまたま出された案にしがみついても、投資対効果の面で期待できません。

より広い可能性の中から解決策を見出すためには、「発散－収束」のワンセットが必要です。発散でアイデア収集、収束で投資対効果を考えて優先順位をつけます。

「発散－収束」の前後のプロセス（手順）を整理してみましょう。**基本プロセスは、「テーマの明確化－発散－収束－テーマのまとめ」**です。テーマの明確化では、目的や範囲を確認します。発散では、情報収集、アイデアの収集、解決策候補の抽出を行います。ブレーンストーミングは、発散のための代表的な手法です。

収束では集めた材料を加工して、発散したものをまとめます。収束の効果的な手法は、重要度評価（重要なものを選別）とグルーピング（分類）です。テーマに合わせて、重要度評価とグルーピングをすれば、テーマの目的が達成できます。

たとえば新規事業の提案では、「テーマの明確化」で自社における新規事業の目的を確認します。「発散」では、市場調査等により情報収集をします。それらの情報を参考に、事業候補のアイデアを出していきます。「収束」として、事業分野ごとにグルーピングし、有望そうな事業には高い評価を与えます。

Check

アイデア出し（発散）と絞り込み（収束）のサイクルを回す

02 ゼロベース思考で現状打破の道が見つかる

私たちは今までの惰性や延長線上で考える積み上げ式の習慣が身についています。今までどおりだと大きな間違いがないため、何となく安心感を覚えるものです。

しかし、積み上げ式思考で前年と同じことを繰り返していたのでは、現状打破は実現しません。よりよい方向に向かうように、進むべき道をときには軌道修正することも必要です。新しい可能性を追求することが、現状打破の糸口になります。

積み上げ式思考から抜け出すための手法として、「ゼロベース思考」があります。**「ゼロベース思考」とは、既成概念をはずし、大きく枠を広げて可能性を追求する考え方です。**狭い範囲で考えていては、斬新な改革はできません。未知の領域にも目を向けて、そもそも何をすればいいのか、何をすれば儲かるのかを考えましょう。

たとえば国内市場が伸びないなら世界市場をゼロベースで探索するのも一案です。

ゼロベース思考で既成のタガをはずして可能性を広げる

既成概念、常識に縛られた状態

（いろいろな試行錯誤や努力をするが打開策が見つからない）

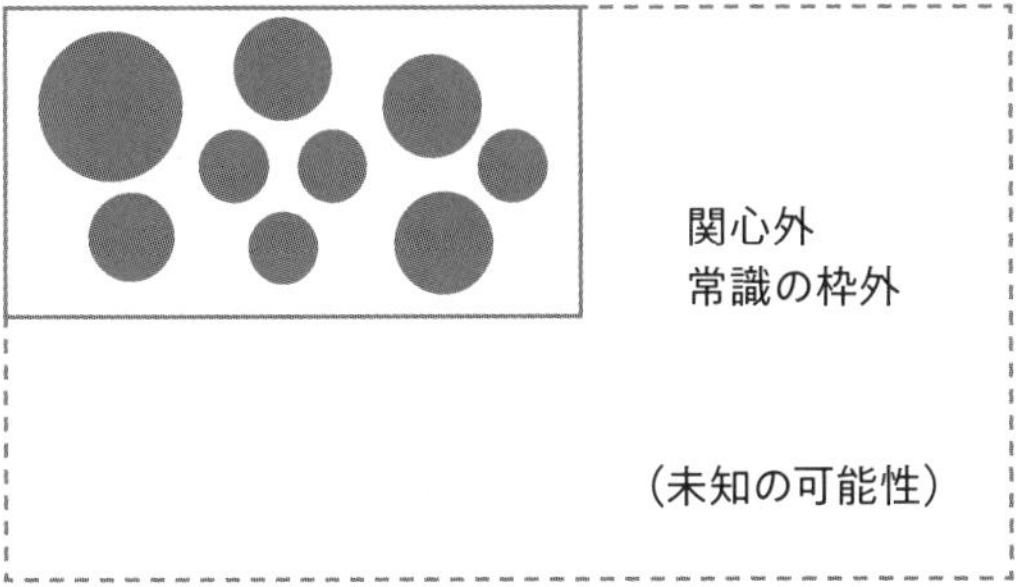

大きな枠に広げて可能性を追求する

（今までの枠にとらわれないで視野を広げる、
過去のしがらみを捨てる）

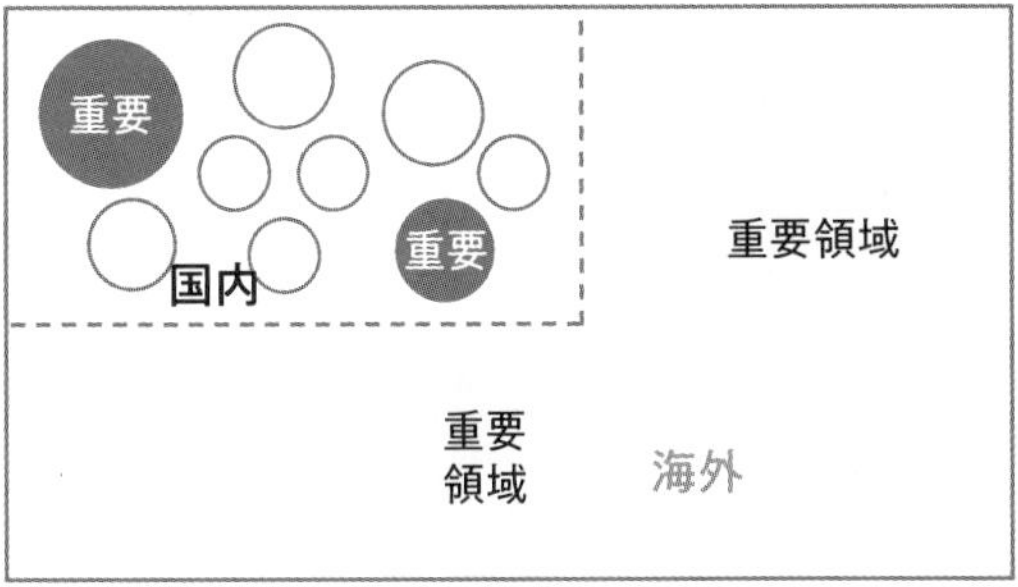

自社の事業を再定義する

一般論として、人はなかなかゼロベース思考に転換できません。今までのやり方を全面否定することになるからです。**当事者や前任者も含めて、自己否定するところからゼロベース思考が始まります。**コンサルタントは、クライアントに対して過去のしがらみがありません。したがって、ゼロベース思考で、M&A、新規事業などを提案することができます。改善レベルなら現状の延長線上でクライアント自身が対応できます。改革レベルを提案するから、コンサルタントの存在意義があるのです。聖域なき改革を提案するには、コンサルタントの立場が最適なわけです。

ゼロベース思考で画期的な急成長を遂げたのがマツモトキヨシです。同社は薬局をゼロベースで考えました。従来の薬局の常識は「病気を治す」でしたが、それではターゲット顧客が高齢者中心になります。そこでマツモトキヨシは、薬局の常識を「健康増進産業」と再定義しました。健康増進であれば女性の美容、おしゃれなどもカバーでき、化粧品やアロマテラピー商品も販売できるようになります。若年女性をターゲット顧客に引き込めたのです。

いくら努力しても成果が出ないときは、ゼロベース思考がお勧めです。**今までのやり方や常識を一度捨てて、頭の中を真っ白な状態にして、そもそも何をすべきか、何が問題なのかを自問自答してみてください。**今までの狭い視野に惑わされずに、自分が感じたこと、直感を素直に受け入れてみましょう。ゼロベース思考の後は投資対効果を考えながら、プライオリティ（優先順位）をつけることが不可欠です。

マツモトキヨシの場合、ゼロベース思考で薬局の新常識を「健康増進産業」と再定義しました。品ぞろえは「薬品」「衛生用品」「美容器具と化粧品」「アロマなどの心の癒し」となります。しかし、店舗面積は増やすことができません。そこで優先順位を考え、賃料が高い都市部では単価が高く省スペースの化粧品類を積極的に増やしました。逆にかさばって単価が安い商品（トイレットペーパーなど）を排除しました。この結果、店舗面積あたりの売上が飛躍的に向上したのです。

Check

頭の中を真っ白にして、「そもそも何をすべきか」から始める

03

ブレーンストーミングでアイデアを出す

「発散－収束」を2回組み合わせることで問題解決の幅は広がります。

1回めの「発散－収束」は問題点の明確化です。問題点の材料集めのためブレーンストーミングで発散します。グルーピングと重要度評価で収束させ、真の問題点を絞り込みます。

2回めの「発散－収束」は問題点を解決するための改善案をまとめます。**改善案のアイデアを出すために、ブレーンストーミングで発散します。**1回めの「発散－収束」で、関係者に問題点が共有されていれば、改善案が出しやすくなります。アイデアが多数集まったらグルーピングと重要度評価で収束させ投資対効果を考えながら決定します。

よりよいアイデアや解決策を見つけるためには発散が重要で、そのためにブレーンストーミングを活用します。ブレーンストーミングのコツは自由発想です。

ブレーンストーミング

【ブレーンストーミングのルール】 コツは自由発想

①ゼロベース思考（既成概念や常識を捨てる）

②何でもいいからたくさん出す（質より量）

③「3セズ」批判セズ、議論セズ、くどくど説明セズ

④人のアイデア、すでに出されたヒントを参考に発想する

⑤アイデアは箇条書きにして記録する

【利用場面】

- 問題点をみんなで出し合うとき
- アイデア、対策、課題をみんなで出し合うとき

批判はしない

ブレーンストーミングのルールは5つあります。いずれも、自由発想するために役立つルールです。**①既成概念や常識を捨てる　②何でもいいからたくさん出す　③3セズ（批判セズ、議論セズ、くどくど説明セズ）　④人のアイデアをヒントに発想する　⑤アイデアは箇条書きにして記録する、**以上の5つです。

ブレーンストーミングを訓練してみましょう。「お酒が入った懇親会での2次会のリスク」をブレーンストーミングしてください。3分間で15個以上に挑戦します。

さて、いくつ書けたでしょうか。「予算が足りなくなる」「人が集まらない」「盛り上がらない」「高い店に入ってしまう」「店が混雑する」「けんかをする」「帰りにけがをする」「終電に間に合わない」「タクシー代が足りない」「帰りが遅くて家族に怒られる」「翌日遅刻する」「翌日仕事にならない」「風邪を引く」などがあるでしょう。

ブレーンストーミングのコツは、視点を変えて考えることです。たとえば、「お金」「時間」「信用」「人間関係」「健康」などと視点を変えると、具体的なリスクをブレーンストーミングしやすくなります。また、時系列で考えるのも効果的です。

左脳には言葉、右脳にはイメージが入っています。**左脳がキーワードを認識すると、右脳のイメージの引き出しが開放される構造になっています。**たとえば「異常気象」と言うと、右脳の中で「洪水」「干ばつ」「集中豪雨」などのイメージの引き出しが開放されます。そしてそのイメージを再度、左脳の言葉に置き換えるのです。キーワードとは、右脳に収納されているイメージの引き出しを開放する言葉のカギなのです。右脳にイメージがないものだと、キーワードの効力は発揮できません。たとえばハワイに行ったことがない人に、「ハワイはいいね」と言ってもイメージが湧きません。しかし一度でも行った経験があれば、青い海をイメージできます。

アイデア発想を柔軟にするためには、左脳右脳のコラボレーション（協働）が重要です。左脳のキーワードを受けて右脳がイメージする。右脳がイメージしたものを左脳が言葉に置き換える。この作業の繰り返しで、思考力が加速していくのです。

Check 視点や時系列を変えて、ブレストでどんどんアイデアを出す

04

代替案を出すオプション思考で決める

たまたま思いついたアイデアに固執して、周囲が見えなくなる人が意外に多いのではないでしょうか。また、思いつきで提案された経営課題について、やる・やらないの議論をすることが好きな人が多いようです。

たまたま考えた1つの案に固執する前に、立ち止まってそれ以外の可能性も考えておくことが、決断で失敗しないために重要です。たとえば新規事業を考えるのであれば、1案に固執しないで、もっと可能性を広げて広範囲に探索してみましょう。

思いつきのアイデアに対してやる・やらないの議論をしていても、偏った議論にしかなりません。**「他にも解決策のアイデアはないか、代替案をいろいろ出してから絞り込む」のが効果的です。これが「オプション思考」です。**オプション思考で視野を広げ、さまざまな代替案を作成してから、最も魅力的な解決策を決定しましょう。

代替案の評価は「定量評価」と「定性評価」の両面で行う

■「定量評価」は必ず行う

評価項目	A案	B案	C案
〈項目例〉			
●機械設備費	¥○○○	¥○○○	¥○○○
●材料費	¥○○○	¥○○○	¥○○○
●人件費	¥○○○	¥○○○	¥○○○
●建屋建設費	¥○○○	¥○○○	¥○○○
●諸経費	¥○○○	¥○○○	¥○○○
合　計	¥○○○○	¥○○○○	¥○○○○

■「定性評価」も併せて行う

評価項目	A案	B案	C案
①パートの定着率がよい	○	△	△
②メンテナンスが容易である	◎	×	◎
③人の管理が容易である	△	○	○
④製品の品質が安定する	◎	×	○
⑤作業の習熟が容易である	○	◎	○
総合評価	◎	△	○

【定量評価】
　数値化が可能なもの
【定性評価】
　数値化が困難なもの

「量と質」の両面で評価

代替案を評価して絞り込む

意思決定とは「やり直しの利かない経営資源の配分を、覚悟を決めて決定すること」です。意思決定においては、プロセスが重要です。

代替案を複数提示して、評価・決定する意思決定の過程をガラス張りにすることを「意思決定プロセス」といいます。**意思決定プロセスとは「目的の確認－代替案の作成－評価－決定」の一連のプロセスです。この一連のプロセスが明確で、かつ論理的に整合性が確保されていることが大事なのです。**

新製品を企画するための意思決定プロセスを考えてみましょう。目的は「ネット家電の新商品開発」です。代替案は「A案：エンターテインメントネット家電」「B案：主婦支援型ネット家電」「C案：快適空間創造ネット家電」の3つです。

この代替案を定量評価、定性評価をして、代替案のよし悪しを評価します。各代替案は評価した後、レベルアップさせてこそ価値が高まります。代替案の評価で、さらにA案、B案、C案を改善して、最終的に1案を選択します。たとえば、C案

（C案を改善した案）を選択するという決定をします。

代替案を評価するためには、定量評価と定性評価の両面で評価することが必要です。「質vs.量」の正反対の組み合わせで評価することになり、ミッシーになっています。定量評価は量の評価、定性評価は質の評価です。

定量評価は、数値化できる評価項目を対象とした評価方法です。たとえば、売上や利益などの金銭、時間、数量などで評価します。定性評価は、数値化できないか、数値化が難しい評価項目を対象とした評価方法です。たとえば、満足度などの心理的なもの、トラブルが発生しにくいなどの運用面などです。

一般的には定量評価が優先されますが、定性評価を確実に行うことで代替案のいい面と悪い面が具体的にわかります。定性評価で最も大切なのは、評価項目を何にするかです。定性評価では、意思決定者や関係者の「こうあってほしい」という要望事項を整理します。定性評価の結果を代替案の改善のヒントに活用するのです。

Check 一点決め打ちではなく、代替案を出してから絞り込む

05

少ない情報から多くの気づきを得る仮説思考

仮説思考とは、仮説を立てて検証する思考法です。仮説思考をすると、少ない情報から多くの気づきが得られます。コンサルタントが入手できるクライアントの情報量には限りがあります。クライアント自身の方が、コンサルタントより圧倒的に社内情報を持っています。わずかな情報しか得られないコンサルタントが、さまざまな提案や問題解決を提供できるのも、仮説思考を使っているからです。

「仮説」とは仮の結論です。正しいかどうかは現時点では明白ではないが、これから導こうと考えている結論を、仮置きしたものです。仮説を検証して正しいと確認できれば、仮説は結論になります。「あるべき姿」「たたき台」も仮説の一種です。

仮説を検証して進化させる一連の手順を、「仮説検証サイクル」といいます。意識して仮説を立て、仮説検証サイクルを回すことで、仮説思考力が向上します。

問題解決のための2つのアプローチ

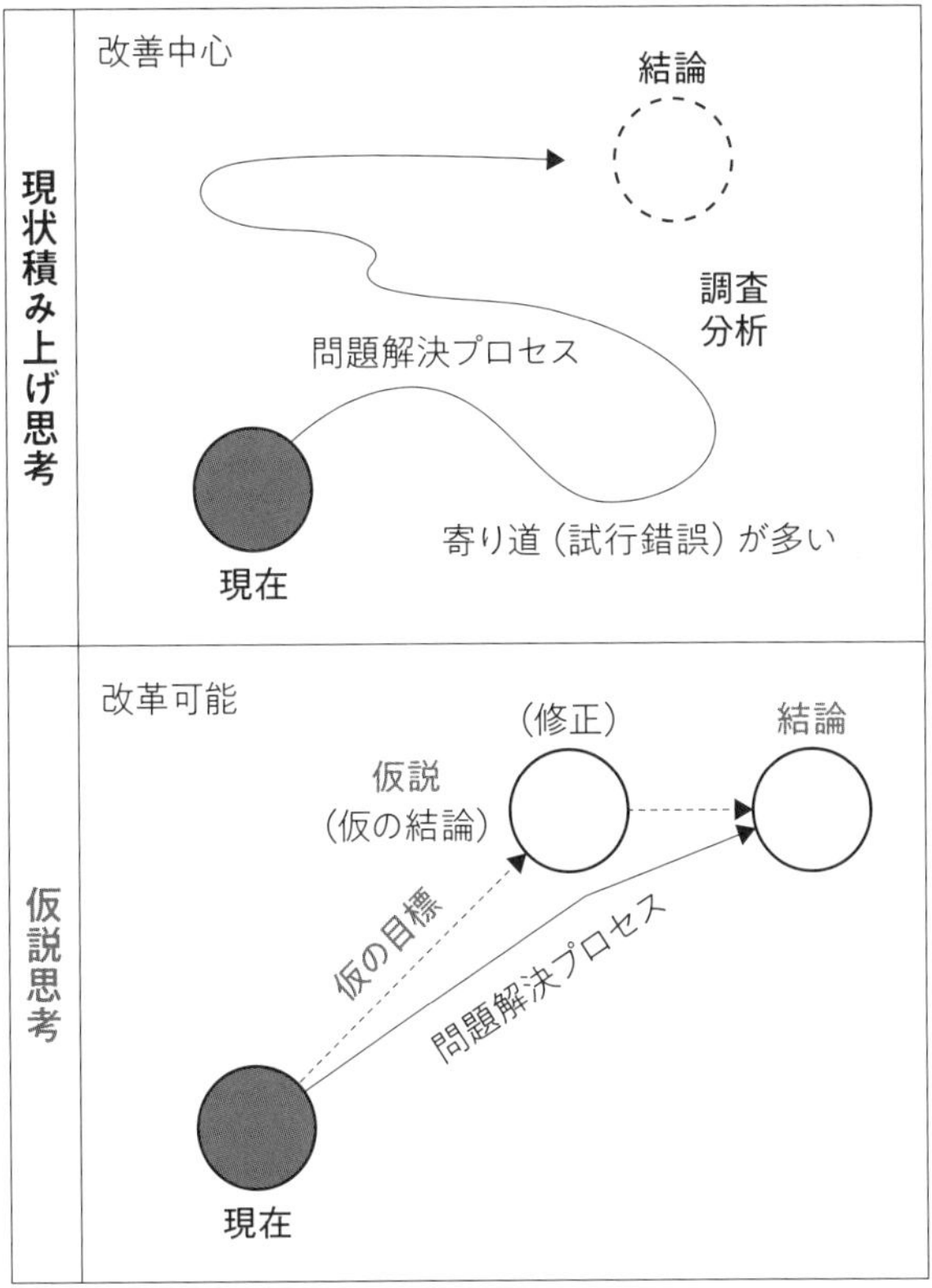

- 仮説（仮の結論）を先に立てれば最短距離で結論を導ける
- 仮説の精度を上げるための調査や分析を絞り込める

リーダーはまず仮説を立てよ

結論を見つけるために、取り得るアプローチ（攻め方）は2つあります。1つはクライアントを含めてみなさんがよく使っている、現状積み上げ思考のアプローチです。2つめは、コンサルタントや学者が使う仮説思考のアプローチです。

私たちは、日ごろから一つひとつをていねいに調査して考察する、積み上げ式の思考に慣れています。積み上げ式の思考は、時間はかかりますが結論に一歩ずつ近づけるメリットがあります。しかし調査や分析に膨大な時間が必要です。

逆に仮説思考は、限られた労力で成果を求められるこれからのリーダーに不可欠な能力なのです。仮説思考は、仮説（仮の結論）を先に立てます。たとえば、「このクライアントに必要な改革は、組織階層を半分にして、意思決定のスピードを上げることだ」という仮説を立てます。「あるべき姿」を先に仮説として置くのです。**ある仕事に着手するとき、その仕事が完了した状態を仮説として先に考えてみます。**たとえば社内で改善提案する場合、改善後の状態を仮説として考えてみるのです。進め方を考える前に、改善後の状態を関係者でディスカッションするのも手です。

なぜ仮説思考力を高めるといいのでしょうか。

1つめのメリットは、少ない労力、少ない試行錯誤で結論に到達できる点です。たとえば、顧客ニーズを仮説に置けば、大々的にヒアリングやアンケートを実施する必要はありません。顧客ニーズを仮説に置き、その仮説が正しいかどうか、ピンポイント（範囲限定）で調査すればいいのです。わずかな時間と労力で調査できます。

2つめのメリットは、思い込みを排除して客観的に物事を判断できるようになることです。私たちが考えていることの多くはあくまで仮説です。仮説は検証してこそ精度が高まります。一度考えたことを絶対変更しないという姿勢ではガンコ頭になってしまいます。検証結果に基づいて修正する心のゆとりが必要です。

自分の経験や断片的な情報を使って、直感、ヒラメキ、気づき、類推を発揮して仮説を立てていきましょう。

Check

仮の結論＝仮説を置いて検証するトレーニングを積む

06

「あるべき姿」を仮説に置く

現状積み上げ思考と仮説思考の違いを理解するために、営業活動で比較してみましょう。現状積み上げ思考は「ご用聞き営業」、仮説思考は「提案型営業」です。

ご用聞き営業は、顧客の声に丹念に耳を傾けて、顧客の一つひとつのニーズを充足させます。たとえば、「もっと長持ちする電池が欲しい」というニーズがあれば、長寿命電池を探すか、新商品として開発します。ご用聞き営業の限界は、顧客ニーズを後追いしている点です。ニーズが先行するので、開発が後手に回ります。

提案型営業は仮説思考です。今までの営業活動の中で、ニーズは把握しています。そのうえで、「長寿命電池＋超小型化」を求めていると、仮説を立てるのです。そして3年後に求められるあるべき姿の電池は、「4倍長持ちでサイズは2分の1」という仮説を立てて、今から商品開発を始めるのです。

ご用聞き営業は現状積み上げ思考、提案型営業は仮説思考

【現状積み上げ思考のアプローチ】

【ご用聞き営業】

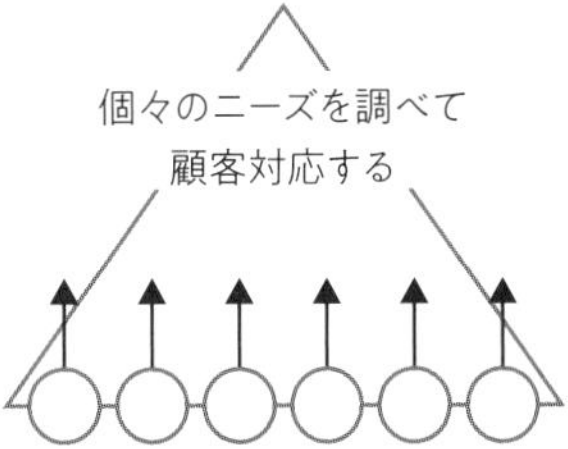

●まず顧客にニーズを聞く
●顧客ニーズに個別対応しすぎて顧客に振り回される
（本質が見えない）

【仮説思考のアプローチ】

【提案型営業】

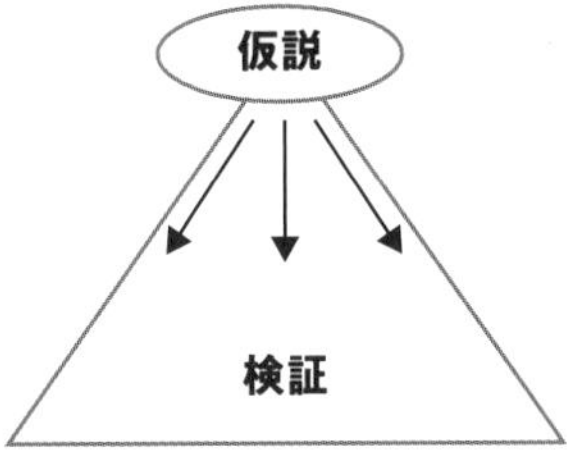

●顧客ニーズの仮説を立てて検証する
●共通部分をしっかり確立してから、顧客ニーズに個別対応する
（本質をわかって個別対応できる）

「あるべき姿」が共有できると強い

仮説は仮の結論ですから、仮説を先に考えることは、言い換えれば、結論である「おしり」から考えることです。ゴール（最終点）を仮置きしたものが「あるべき姿」で、理想的な状態、望ましい状態をイメージしたものです。**「あるべき姿」を描くのも仮説思考の一種です。あるべき姿を仮説に置くと、進むべき道が見えてきます。**

携帯電話のあるべき姿は、スマートフォンであることがｉＰｈｏｎｅの登場で結論づけられました。それまでの日本メーカーは、カメラ画質の向上、軽量化などに注力していました。つまり現状積み上げ思考のアプローチです。しかしアップルによって、携帯電話のあるべき姿は、スマートフォンに絞り込まれていったのです。

あるべき姿を先に議論することで、関係者の意思統一をはかることができます。あるべき姿が共有できていれば、枝葉末節の意見対立を防ぐことができ、重要な議論に時間を割くことができます。あるべき姿が明確であれば、自ずと仕事の進め方も見えてくるでしょう。

1880年代のイギリスで、シャーロック・ホームズを主人公にした小説が大人気を博しました。シャーロック・ホームズは架空の人物ですが、仮説思考の天才だったのです。依頼人がホームズの事務所を訪ねてくると、依頼人の職業、出身地、生い立ちなど、一目見ただけで立て板に水のように言い当てます。依頼人の服装、人相、話し方など、ホームズは五感をフル活用して第六感（直感）を働かせます。

ホームズは、依頼人をきちんと観察しています。わずかな事実を情報として取り込み、探偵としての今までの経験を活かしながら、第六感を働かせるのです。ただし第六感は仮説の段階なので、依頼人に正しいかどうかを確認します。

ホームズの現場保存、現場の情報を手がかりに犯人を捜すという科学的手法は、スコットランドヤード（ロンドン警視庁）の検挙率を飛躍的に向上させました。「発射された弾丸の線条痕で銃を特定できる」という捜査方法はホームズの小説に出てきます。

Check

仕事のあらゆる場面で仮説思考を試してみる

07
仮説は検証してこそ意味がある

仮説検証サイクルは、仮説を立てて検証するまでの一連のサイクル（循環）です。推理作家、東野圭吾氏の推理小説『ガリレオ』シリーズは、福山雅治主演でドラマ化されました。主人公の湯川学博士の名ゼリフが**「仮説は実証してこそ初めて真実となる」**です。犯人は湯川博士の仮説思考により、ドラマの前半で特定されます。しかし決定的証拠がありません。そこで大がかりな実験装置を作って犯人が使ったトリックを暴きます。仮説は検証しなければ、単なる推測や思いつきで終わります。

仮説検証サイクルは「仮説－検証－精度向上」を回すことです。物理学では、わずかな情報しか入手できません。陽子や電子は、目で見ることができないからです。宇宙の最果ても望遠鏡で見るのには限界があります。わずかな情報、目で見えないものから結論を見つけるには仮説が不可欠です。

仮説は検証が不可欠

【ことわざ】夜に爪を切ると縁起が悪い

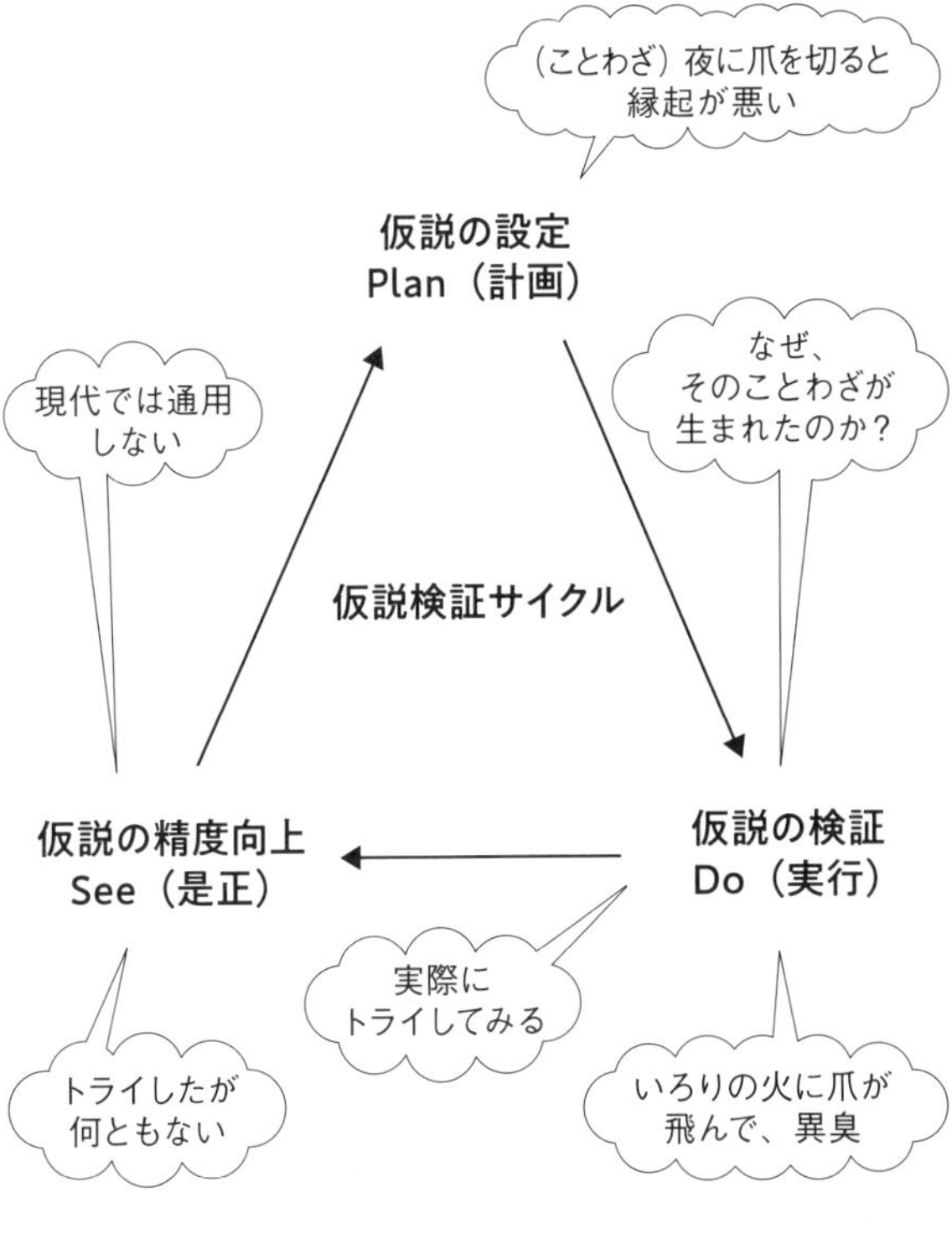

- ことわざも、あくまで仮説の1つにすぎない
- 仮説が間違っていれば、その仮説を修正するか、却下する

検証をふまえて柔軟な修正を

少ない情報から結論を導くためには仮説検証サイクルが不可欠です。ことわざを例に、仮説検証サイクルを回してみましょう。

ことわざは、過去の経験則から生まれました。たとえば、「夜に爪を切ると縁起が悪い」ということわざは、どうして生まれたのでしょうか。

江戸時代以前の電灯がない時代、夜の明かりは、ろうそくやいろりの火でした。縁起が悪い理由はいくつかありますが、その1つが暗いのでけがをする確率が高くなることがあげられます。当時は衛生状態が悪いので、傷口から破傷風などの細菌が入ると、亡くなる人が出たという経験則です。

仮説は前提条件が異なると通用しない場合があります。現代では昼と夜の明るさの条件はほぼ同じです。爪切りの安全性も江戸時代に比べて格段に向上しています。

仮説を立てたら正しいかどうかを調査などで検証します。その結果、必要に応じて仮説を修正し精度を向上させます。ダメ仮説は却下、新しい仮説に挑戦します。

刑事コロンボは仮説検証サイクルを回すのが得意です。事件が起きるとコロンボは少し遅れて現場に行きます。そして現場到着後の数分間で違和感がある行動や発言をする人を見つけ、犯人の目星をつけます。ある料理評論家と30分前まで一緒に食事をしていたレストランオーナーが食中毒で死んだ事件では、店員からの情報で一緒に食事をしていた料理評論家が先ほど帰宅したとわかり、警察が連絡します。

料理評論家は事件現場に急行。その時点でコロンボは料理評論家が犯人だと仮説を置きます。そしてコロンボは、料理評論家がワインオープナーにフグの毒を仕込んでいたことを突き止めます。

料理評論家は殺人を認め、最後にコロンボに聞きます。「どうして最初からわたしが犯人だとわかったのですか?」と。

コロンボの答えは「一緒に食事をしたのなら、現場に駆けつける前に自分の食中毒を心配して、救急病院に駆けつけるはずです。つまりあなたは、毒を飲んでいないという自信があったのでしょう」というものでした。

Check

仮説は立てて終わりではなく、検証・修正を繰り返して精度を上げる

08

仮説検証サイクルを実践する

仮説検証サイクルを短時間で回すコツが「クイック&ダーティー（早く粗く）」。

コンビニの店長気分でクイック&ダーティーで気楽に仮説を立ててみましょう。「土曜日の夕方、パンの売れ行きがいい」という仮説を立てたとします。

次に仮説の検証を行います。ＰＯＳ（販売時点）データのデータベースを使って、過去1カ月間の販売データを再集計します。パンの種類別（食パン、菓子パンなど）、曜日別、時間帯別の集計をすれば、どの種類のパンが、何曜日の何時から何個売れたかがデータで集計分析できます。集計分析した結果、確かにパンが土曜日の17時から売上が30％増加していると結果が出れば、仮説が正しかったことがわかります。

仮説の精度をさらに高めます。パンの種類の中で、どんな種類のパンが、何パーセント売上が伸びているのかも数値で把握できるでしょう。

仮説検証サイクルの例　コンビニの販売傾向

仮説の設定 **Plan（計画）**	コンビニの棚の右端最上段が 最も売れる場所。 また、レジの手前の空きスペースも 売れる場所
仮説の検証 **Do（実行）**	ポテトチップなどの定番商品で 棚の位置を変えて売れ行きの 違いを調べてみる
仮説の精度向上 **See（是正）**	実際の売れ行きデータから 仮説を検証。 実行によりさらに新しい仮説が 見つかることもある

› コンビニのどの棚が売れる？

同じ商品でもどこの棚に商品を置くか、商品の位置で売上が変化するかもしれません。そこで、どこの棚に置けば売れ行きがいいかの仮説を立てます。

まず一般的に「人間の目線は、左側から右側に移動する」という仮説、また「人間の目線は、Ｚの形で移動する」という仮説があります。チラシ広告では、最初に目線が行く、左上に目玉商品を持ってきます。

コンビニの棚では、売りたい商品をどの棚の位置に置けばいいかの仮説を立ててみます。コンビニの棚は、女性の平均身長から割り出して、目線の位置が最上段の高さです。そこで左上か、右上が目立って売れる場所だと仮説を立てます。

次に仮説の検証です。ＰＯＳデータを使って、棚の位置と販売量の相関を分析してもいいでしょう。またポテトチップなど、毎日安定して売れる定番商品の位置を変更して販売数の変化を調べてもいいでしょう。

検証の結果、コンビニの場合、最上段の右上が最も売れる場所のようです。

会社の3カ年の事業計画も、仮説思考を活用します。仮説の立案として、中期（3カ年）の目標設定をします。計数計画と呼ばれる売上利益計画です。

売上利益計画は、1年後、2年後、3年後の売上利益目標であり仮説です。目標となる仮説が現実的に達成できるように事業計画を具体化するのです。

事業計画を推進すると、月次報告として毎月、PDCAサイクル（経営管理サイクル）を回します。PDCAサイクルは、仮説検証サイクルの一種です。P（Plan：計画：事業計画）－D（Do：実行：日々の経営活動）－C（Check：チェック：月報）－A（Action：是正：追加対策）のサイクル（循環）を回すことです。

1年後の決算で決算書が作成されます。そして目標となる仮説が現実に達成できたか否かを評価します。事業計画は毎年、3年先までの計画を立案します。1年前に立てた3年間の目標の変更が必要ならば、新しい仮説を立てて新年度を迎えます。

Check 身近な事例で仮説検証サイクルを試してみる

コラム 4

科学の世界で使われる仮説思考

アインシュタイン博士は、相対性理論で有名です。物質は、光の速さに近づくと、質量が無限に大きくなり時間の経過も遅くなるという理論も確立しています。光の質量はゼロです。光の速度に近い乗り物に乗っていると、年をあまり取らないとか。

博士は生前、「重力レンズ」の存在を理論的に予言しています。重力レンズとは、巨大な質量を持つ物質の周辺は、時空間がゆがむという現象です。重力レンズが自然現象で確認されたのが、博士の理論発表後に起きた皆既日食でした。

皆既日食になったとき夜空が暗くなり、暗くなった太陽のすぐ横に星が見えました。しかしその星の正確な位置は、太陽に隠れて見えない位置でした。つまり太陽の質量によって、わずかながら時空がゆがみ、光が屈折したために見えたのです。

重力レンズが実際に宇宙に存在することが確認されてから、はるか彼方の宇宙から来る光も、重力レンズによるゆがみが観測されました。そしてダークマター（暗黒物質）と呼ばれる目に見えない巨大質量の存在も明らかになっています。

アインシュタイン博士が予測した重力レンズの存在は、仮説思考によるものです。

第5章

相手をロジカルに説得する技術

01

論理的な話し方のコツ

コンサルタントの話し方のテクニックに「番号をつけて話す」があります。「1つめは〜」「2つめは〜」と番号づけをするだけで話が伝わりやすくなります。

さらに、番号をつける前に用件が何個あるかを宣言すると、聞き手は安心して話を聞くことができます。たとえば「今回お伝えしたいことは3つあります」と宣言してから話していくと、聞き手は記憶の箱を準備してくれるのです。電話では、さらに効果的です。たとえば「今回お電話したのは〜の件です。連絡事項は2つあります」と宣言してから話せば、相手は箇条書きでメモを取る準備をするでしょう。

番号をつけて話すと、聞き手は「論理的だ」「きちんと整理して話しているな」と感じるのです。日ごろから番号をつけるクセをつけると、「情報を整理してから話す」という習慣が自然に身につくのです。

番号を振るだけでも伝達率が上がる

【口頭の場合】

出張手続きの改善が必要だと思います。改善が必要な理由は、3つあります。

1つめは～。2つめは～。3つめは～。

以上、3つの理由により、出張手続きの改善を提案します。

【箇条書きにする】

（1）

（2）

（3）

●箇条書きのときもミッシーに留意する

【階層で番号を振る】

1.
  （1）
  （2）
  （3）
2.
  （1）
  （2）
  （3）

●情報量が多いときは階層にする

›「2つの習慣」で論理的な頭に変わる

論理的でない人の頭の中は、情報が複雑に絡み合ったスパゲティ状態です。この状態では、新しい情報が入ってきても、それまでの記憶とうまく位置づけや関連づけができません。

こうした状態から抜け出すためには、**「番号をつける習慣」の他に、「情報を箇条書きで整理する」習慣を加えましょう。** 情報を箇条書きにするのと番号をつける習慣は、スパゲティ状態の思考や記憶を整理するために、効果的な第一歩です。

理想的には、これまで説明したロジックツリー（ミッシーで情報を階層に分けたもの）の状態まで整理できれば最善です。最低限、大小関係や因果関係が整理された状態であれば、新しい情報が入ってきてもどこに位置づけるかが明確になります。

自分の頭の中の状態を見直してみましょう。スパゲティ状態、箇条書き状態、ロジックツリー状態……どれに当てはまりますか。「どれかわからない」「意識していない」という人はスパゲティ状態の可能性が高いです。これから「番号をつけて箇条書きにする」習慣へと、第一歩を踏み出しましょう。

人間の頭の中には、短期的な記憶をコントロールするワーキングメモリがあります。ワーキングメモリの容量は3つといわれています。同時に来る情報が3つを超えると、容量をオーバーして忘れてしまうのです。「覚えてやるぞ」と意識して決意すれば別ですが、リラックスした状態では同時に3つを超えると忘れてしまいます。

したがって、相手に無理なく記憶してもらうには、3つを目安に情報を整理してから伝えることが大切です。その3つがミッシー（モレやダブリがない状態）になっていれば最善です。論理思考では、ミッシーは常に継続すべき留意点なのです。

全体が3つのキーワード（単語）で整理されて、しかもミッシーになっていれば、相手に伝わりやすく、説得力も高まります。ミッシーで大分類したものがフレームワーク（枠組み）でしたね。ミッシー、フレームワークともに論理思考の要になる基本ですから、常に意識しておきましょう。

Check **番号づけと箇条書き、「情報は3つにミッシーで整理」を徹底する**

02

「So What?」「Why So?」を駆使する

話の筋道が明確で論理的か否かは、三角ロジックが矛盾なく成立しているかどうかを検証すればいいことを説明しました（48ページ参照）。改めて三角ロジックを復習しましょう。**三角ロジックの頂点は「主張（結論）」で、底辺は「根拠」です。根拠は、「説得材料（データ）」と「説得理由（論拠）」に分けることができます。**

頂点の主張から、底辺の根拠を説明するときは、「Why?（なぜ?）」または「Why So?（なぜならば）」でつなぎます。たとえば、「A事業部の改革が必要だ」と主張したら、「なぜならば」という理由を説明しなければ相手を説得できません。

底辺の根拠の説明をしたら、まとめとして頂点の主張を確認する必要があります。「A事業部は2年連続の赤字だ。今後3年間の事業計画も赤字だ」と説明したら、「So What?（だからどうした?）」という主張を伝える必要があります。

主張を「なぜ?」という理由で支える根拠（論拠とデータ）

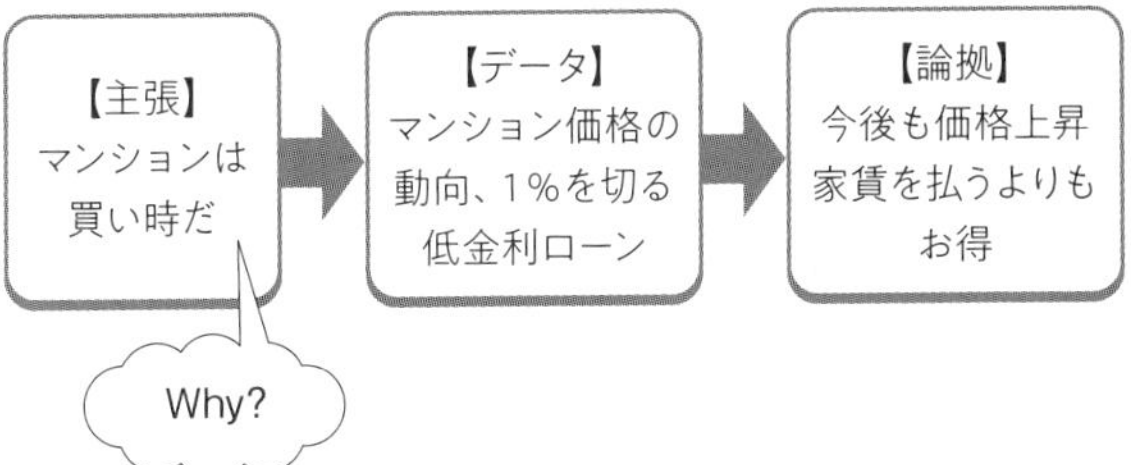

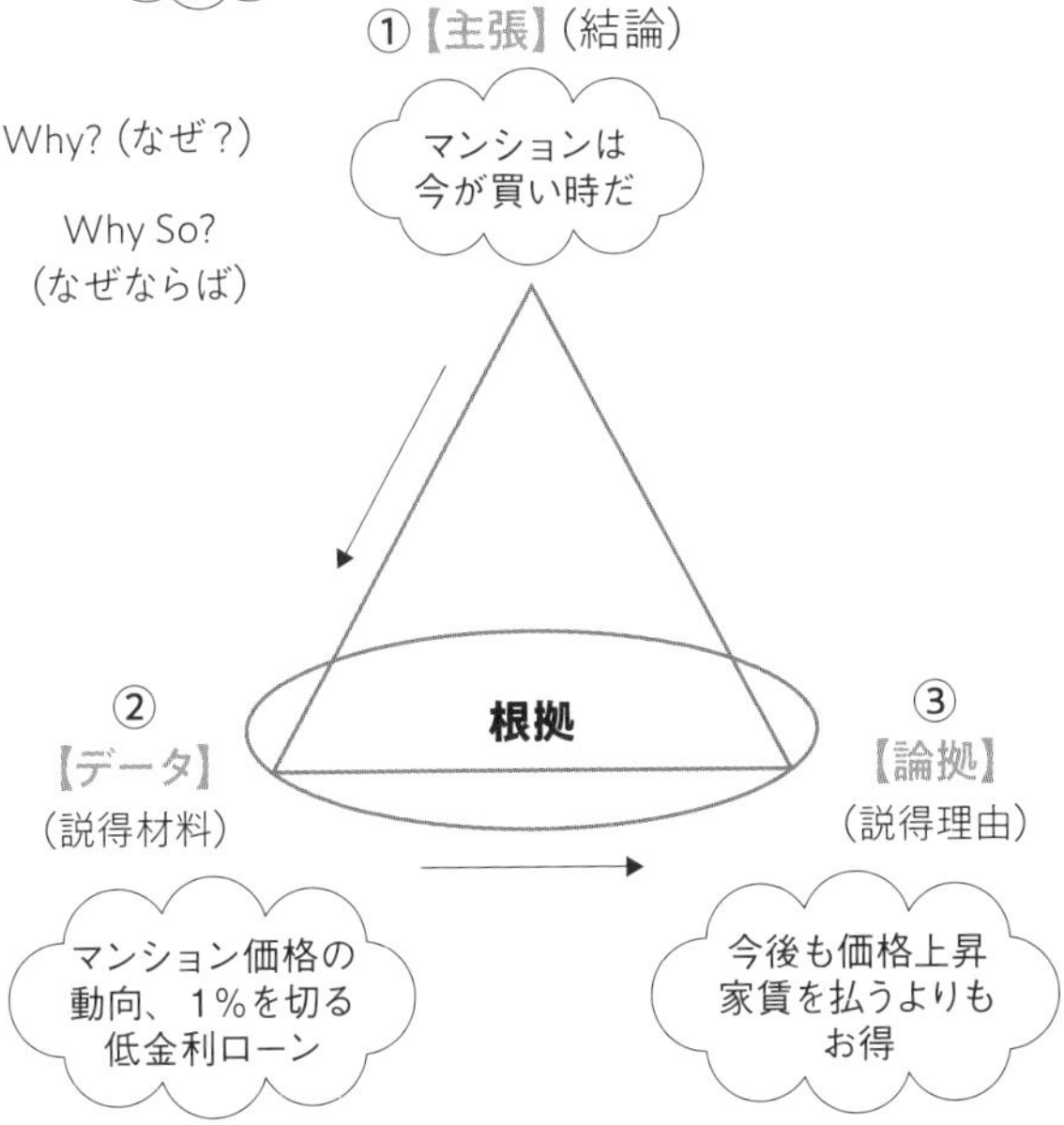

主張する前に「なぜならば」を常に考えよ

主張を説得するために必要なキーワードは、「Ｗｈｙ　Ｓｏ？（なぜならば）」です。「Ｗｈｙ？」を「なぜならば」に置き換えて、常に問いかけるクセをつけましょう

「マンションは今が買い時だ」という主張の例で考えてみましょう。

いくら有名な不動産評論家が発言したとしても、主張だけされても第三者は納得しません。「なぜ買い時なのか？」という疑問が湧くからです。

そこで説得材料として「なぜならば、マンション価格の動向が……、1％を切る低金利ローンが……」というデータを提示して説明します。追加の材料として「今後も価格が上昇するので、賃貸で家賃を払うよりもお得」という論拠で説得します。こうして、聞き手の「なぜ？」という疑問が解消できれば、説得力が高まります。

ちなみに、大手の住宅情報誌の主張（結論）は「今が買い時」です。なぜなら「今は買わない方がいい」と大手の情報会社が主張すると、不動産の買い控えが起きて不動産価格が大暴落するかもしれません。また不動産会社としても、「今が買い時」

と主張してもらわないと、販売活動に支障が起きてしまいます。

次に先ほどのケースとは逆に、根拠を先に伝えて、主張でまとめる例を考えます。

根拠を伝えたら「So What?（だからどうした?）」で主張を伝えます。

不動産評論家は説得材料（データ）として、「マンション価格の動向、1％を切る低金利ローン」のデータを提示します。また説得理由として、データを使って「今後も価格が上昇し、賃貸で家賃を払うよりもお得」という論拠を説明しました。

これだけでは現状説明と今後の予測の段階で止まってしまいます。聞き手は「だからどうした?」が気になります。そこで主張（結論）を伝える必要があります。「だから、マンションは今が買い時だ」という主張で相手を説得するわけです。

三角ロジックは論理的か否かを確認するために「見える化」したものです。頭の中で三角ロジックがイメージできれば、今どの話をしているのかがわかります。

Check 頭の中に常に三角ロジックをイメージして話す

03
「伝わるプレゼン」に仕上げるコツ

プレゼンテーションの目的は、相手を説得してこちらの提案に賛同してもらうことです。**相手を説得するためには、論理的にわかりやすく伝えることが必要です。**

分厚い大量の資料を渡されて、「そこに全部書いてあるから読んで」と言っても、誰も読んでくれません。情報過多で時間に追われる時代だからこそ、ポイントを押さえて短時間でわかりやすく伝えるニーズが高まっているのです。

外資系企業で出世するためには、英語の語学力はもとより、プレゼン力が不可欠といわれています。ある外資系では、「30秒プレゼンテーション」が大切だそうです。米国の本社から経営トップが来日したとき、エレベーターに同乗する30秒間を狙って自分を売り込むのです。「できるヤツがいるじゃないか」とトップに思わせて、同時に名前を覚えてもらうのが出世のコツだそうです。プレゼン力の賜物ですね。

プレゼンは説得術、プレゼンの利用場面と効用

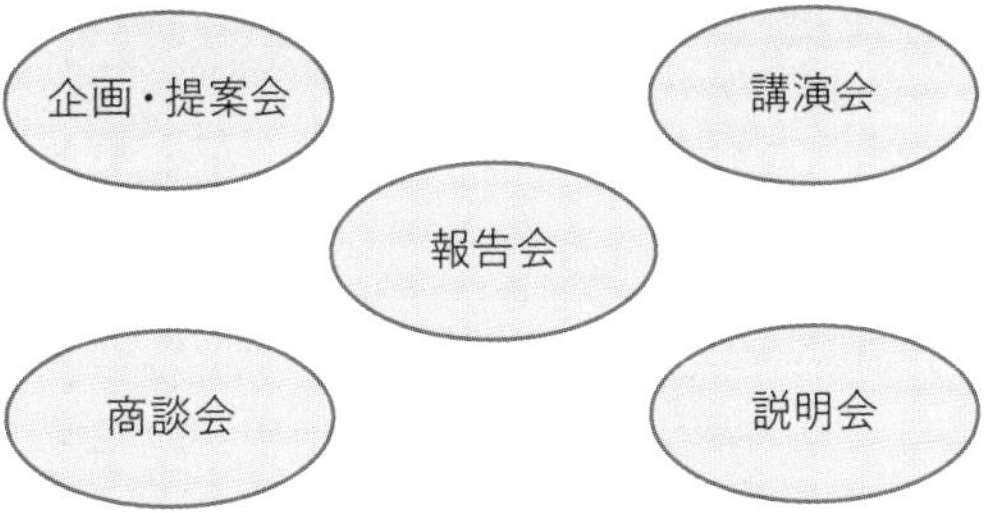

自分にとって	相手に対して
●新しいことを始める	●相手に理解してもらう
●現状打破のきっかけにする	●相手を感動させる
●できるだけ高い評価を得る	●相手に快諾してもらう
●自分を有利な立場に置く	●やる気にさせる
●チャンスにつなげる	●仲間に巻き込む

プレゼンの8割は準備で決まる

新しい企画の説明会、取引先との商談会、社内での実績報告会など、プレゼンが必要な場面はたくさんあります。プレゼンが苦手だからと敬遠するのではなく、「現状打破のきっかけにする」「取引先から高い評価を得る」など、チャンスにつなげるよう心がけると、プレゼンが好きになってきます。

プレゼンには3つのステップがあります。1つめが事前準備のプレ・プレゼンテーション、2つめが本番のプレゼンテーション、3つめが質疑応答以降の、アフター・プレゼンテーションです。

プレゼンの80％が、事前準備のプレ・プレゼンテーションの出来で決まるといわれています。「出たとこ勝負」ではなく、事前準備に励み後悔がないプレゼンにします。「プレゼンに失敗した」と思っても、あきらめないことです。質疑応答で挽回のチャンスがあります。質問の回答で「やるじゃないか」と思われれば名誉挽回です。

プレゼンであがらないコツは、「伝えたい」「聞いてほしい」と心から思うこと。

「何のためにプレゼンするのか」、その目的、原点を見失わないことが大事です。話し方の留意点を紹介しますが、自然にできるまで身につけるのが理想です。


1つめは、声の大きさ。声はある程度まで大きい方がいいです。

2つめは、話すスピード。基本はゆっくり話します。特に前半は、聞き手がついてこられるようにゆっくり話し、後半はやや早めに話します。

3つめは、強調。重要な箇所は、大きな声でゆっくりと話します。

4つめは、間の空け方。句読点に相当するところは少し間を空けます。

5つめは、姿勢。背筋を伸ばし胸を張ります。少しあごを引くと誠実に見えます。

6つめは、ボディランゲージ（身振り手振り）。適度なボディランゲージは、聞き手に情熱が伝わります。ただし多すぎると、聞き手は疲れますので要注意です。

7つめは、表情とアイコンタクト。笑顔が基本です。ビデオで撮ってチェックしておくと安心です。ときどき、聞き手と視線を合わせて話すのがコツです。

Check **プレゼンは準備が8割！ 話し方や姿勢にも気を配る**

04

説得力が倍増する「考える・書く・話す」方法

プレゼンテーションの論理ストーリーを1枚の紙に書き出す手法に「ピラミッドストラクチャ（ピラミッド構成法）」があります。スピーチをするときにメモ代わりになりますし、資料作成時など文章を書くときの骨子を明確にするのにも使えます。

ピラミッドストラクチャは、三角ロジックの「主張」「データ」「論拠」をより体系的に整理する手法です。最上段に主張（結論）を配置します。その下段に、**主張を支える説得材料として、論拠を3つ前後配置します。さらに、それぞれの論拠を裏づけるデータを、各3つ前後配置します。**必要に応じて「たとえば」という事例を入れれば、よい説得材料になります。

ピラミッドストラクチャは「説得ストーリー」を作成するための最強兵器といえます。「考える、書く、話す」のすべてに応用できますので、ぜひ試してみましょう。

並列型ピラミッドストラクチャで説得ストーリーを作成

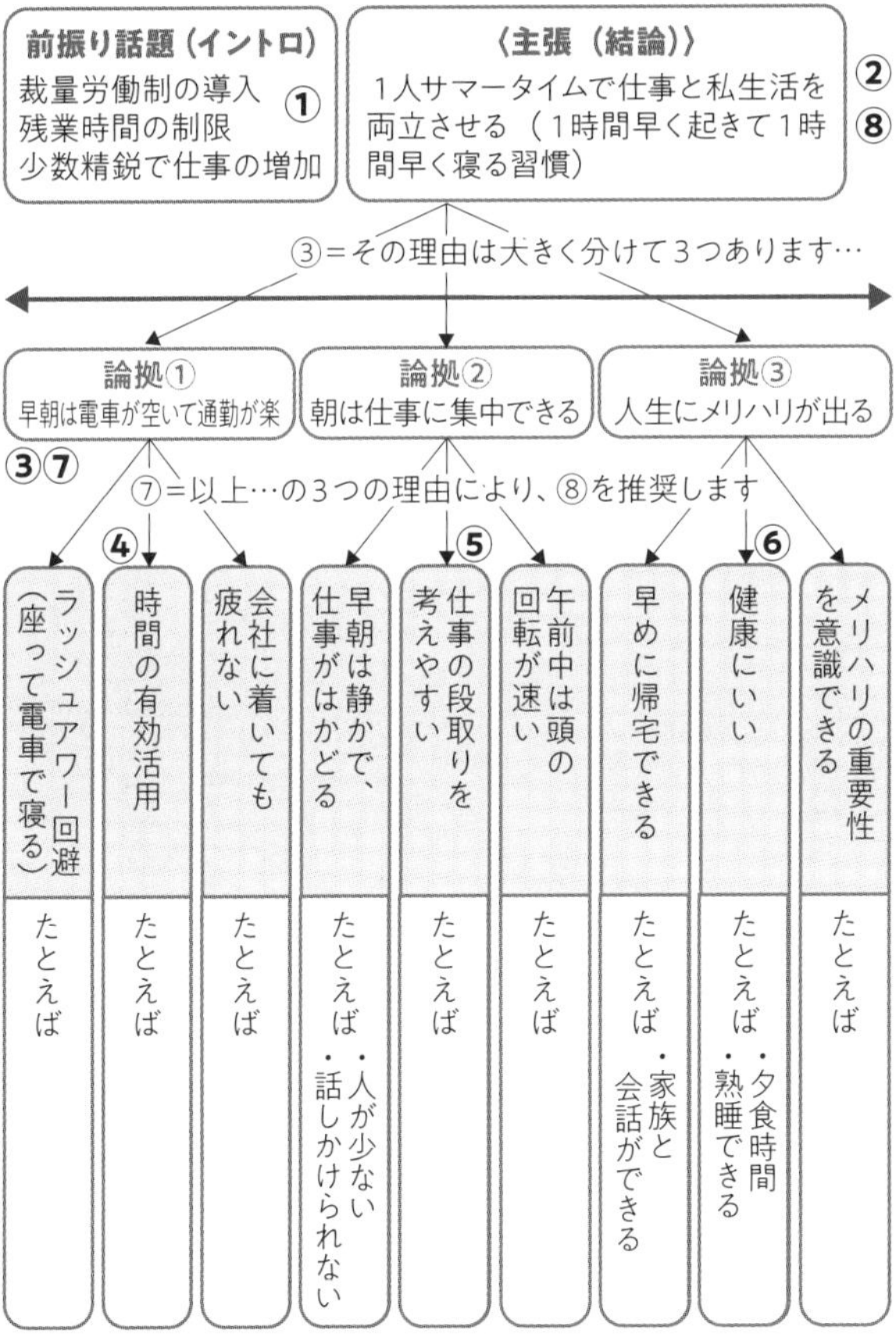

前振り話題（イントロ）
裁量労働制の導入
残業時間の制限
少数精鋭で仕事の増加
①
〈主張（結論）〉
1人サマータイムで仕事と私生活を両立させる（1時間早く起きて1時間早く寝る習慣）
②
⑧
③＝その理由は大きく分けて3つあります…
論拠①
早朝は電車が空いて通勤が楽
論拠②
朝は仕事に集中できる
論拠③
人生にメリハリが出る
③⑦
⑦＝以上…の3つの理由により、⑧を推奨します
④
⑤
⑥
ラッシュアワー回避（座って電車で寝る）
時間の有効活用
会社に着いても疲れない
早朝は静かで、仕事がはかどる
仕事の段取りを考えやすい
午前中は頭の回転が速い
早めに帰宅できる
健康にいい
メリハリの重要性を意識できる
たとえば
たとえば
たとえば
たとえば
・人が少ない
・話しかけられない
たとえば
たとえば
たとえば
・家族と会話ができる
たとえば
・夕食時間
・熟睡できる
たとえば

› 「構造」を守れば説得力が出る

ピラミッドストラクチャは、並列型と解説型の2種類あります。並列型は、シンプルな構造で作りやすく、聞き手もストレスなく理解できます。

前項でも説明しましたが、ピラミッドストラクチャは三角ロジックを応用したものです。復習ですが、三角ロジックの上から下は「Ｗｈｙ？（なぜ？）」「Ｗｈｙ Ｓｏ？（なぜならば）」でつなぎ、下から上は「Ｓｏ Ｗｈａｔ？（だからどうした？）」の論理でつなぎます。その構造はピラミッドストラクチャでも同じです。

ある会社の課長職50名に、ピラミッドストラクチャを使ってスピーチのネタを作ってもらう研修をしました。半年後にその会社を訪問したら、若手社員たちが「半年前から多くの課長たちが、『3つあります』という話し方になったんですよ。とても話がわかりやすくなりました。何かあったのですか？」と質問されました。

朝礼のスピーチの担当が回ってきて、憂うつな週末を過ごしたことはありませんか。ピラミッドストラクチャを作成すれば、朝礼で言いたいことが整理され、相手に伝わりやすくなります。これで憂うつとはさよならできますね。

話す順番は、181ページの図解の番号（①〜⑧）で示しているとおりです。

まず「①イントロ」。前振りの世間話などをして、聞き手の共感を得ておきましょう。聞き手が知っている共通の話題で、今回の主張に関連する話題がベストです。

続いて「②主張」を伝えます。**先に主張を話した方が、聞き手の理解度が上がります。「要するに何を伝えたいのか」をはっきり伝えます。**

次に主張を支える「③3つの説得理由（論拠）」を紹介します。「その理由は大きく分けて3つあります」と概略を説明しましょう。3つの説得理由だけではまだ不十分なので、続いて「④⑤⑥説得材料（データ）」を詳しく説明します。説得理由がいかに妥当なのか、ときに事例を入れながら事実やデータで理論武装します。

最後が「⑦説得理由の復習」と「⑧主張の再確認」です。「以上、3つの理由により、○○を主張します」と締めくくるのです。

Check

ピラミッドストラクチャで「説得ストーリー」を構築する

05 並列型ピラミッドストラクチャの活用法

ピラミッドストラクチャの並列型も解説型も用途は同じです。使い分けは、並列型はシンプルに説明したいとき、解説型はより詳細な理屈が求められるときに使います。

ピラミッドストラクチャが最も効果を発揮する場面は、スピーチです。結婚式の祝辞、朝礼でのスピーチなどに便利です。もちろん、自社商品の素晴らしさをプレゼンする際にも使えます。

日常業務では、部下への指示や訓示、上司への報告、さらには面接試験でのスピーチにも使えます。近年、入学試験で3分間スピーチを課す学校も増えています。ピラミッドストラクチャでスピーチをまとめれば対策は万全です。人事考課で「あなたはこの1年間、わが社に何を貢献しましたか。5分間でプレゼンしてください」という問いに、業績をアピールするのに使えます。

ピラミッドストラクチャの留意点

留意点	(1) 強引にいい面ばかりを強調しない ・いい面ばかりだと、「でもね…」という疑問が聞き手に残る ・悪い面も出して「でも克服できる」と、疑問を解消する (2) 事例を適度に入れると、親近感が湧き、納得度が上がる ・「たとえば…」という事例を入れる（3～4個程度） ・事例は時間調整役（10分話すときは事例を長め＆多めに） ・体験談、事実、定量的に数値（金額、数量、距離…）で示す (3) 1つの枠内に複数個のメモを書く ・キーワード、短めの箇条書きを複数メモ（思い出しやすい） ・メモを見ながら、行間を埋めて話す（ベタ読みしない）

説得理由はフレームワークを活用、3つの論拠でミッシーを確保

説得理由（2段め）の3つの切り口を、
ほぼミッシーにする
→全体のバランスがよくなる

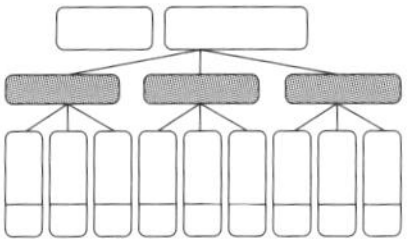

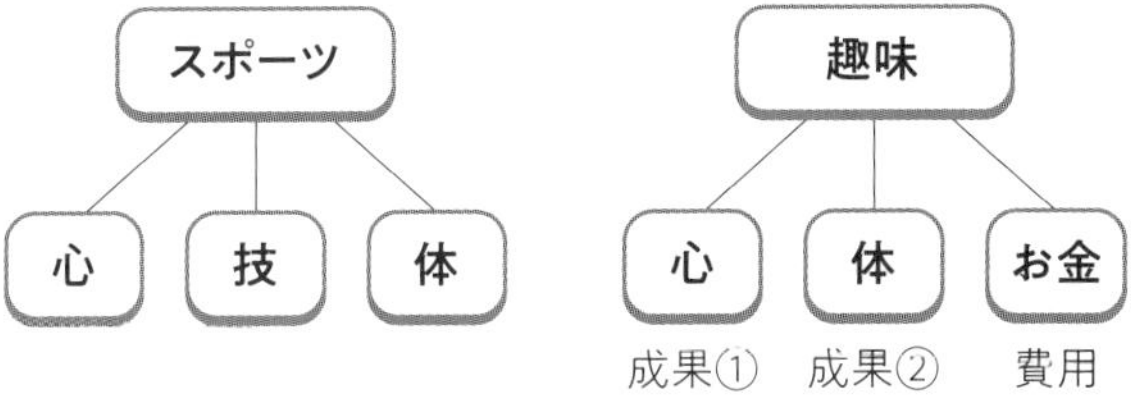

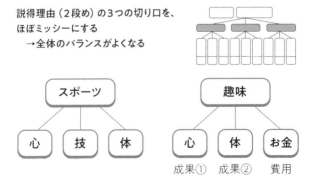

3つの留意点を押さえる

ピラミッドストラクチャの作成上・使用上の留意点を押さえましょう。論理的であるためには、「死角」があってはいけません。死角があると屁理屈になるからです。

留意点の1つめは、**強引にいい面ばかりを強調しない**ことです。いい面ばかりだと、「でもね……」という疑問が聞き手に残ります。そこでまとめに入る前に、悪い面があれば隠さず堂々と暴露します。そして「こうすれば悪い面は解消できる」と、聞き手の疑問を解消することが不可欠です。

留意点の2つめは、**具体的な事例を適度に入れる**と親近感が湧き、納得度が上がります。最下段の「たとえば」の空欄に事例を入れます。3~4個程度でもかまいません。事例は時間調整にも使えます。金額など、数値で示すと現実味が増します。

留意点の3つめは、**1つの枠内に複数個のメモを書く**ことです。キーワードや短めの箇条書きを複数メモして、見た瞬間、何を話すのかすぐ思い出せるようにします。メモを見つつ行間を埋めながら話しましょう。ベタ読みでは面白くなりません。

ピラミッドストラクチャが手元にあれば、今どこを話しているかがわかります。ピラミッドストラクチャの説得理由（上から2段め）には作成のコツがあります。説得理由は3つに限定して、ミッシーで整理していきます。言い換えれば、フレームワークを意識するのです。

その際、既存のフレームワークを使えば簡単です。スポーツの「心・技・体」、趣味で使える「心・体・お金」「心・体・仕事」は、手軽に使えるフレームワークです。語呂合わせもお勧めです。

人生の3つの坂「上り坂・下り坂・まさか」、ゴルフ上達の3つの力「知力・体力・財力」があります。「上・中・下」も使えます。たとえば人事考課のアピールで、「上」は全社や部門、上司に対する貢献です。「中」は自分自身の成長、横組織との連携における貢献です。「下」は部下の育成指導の貢献で整理します。

説得理由をミッシーで整理することで、モレやダブリがないスピーチができます。

Check

ピラミッドストラクチャの並列型でスピーチを組み立てる

06

解説型ピラミッドストラクチャの活用法

解説型ピラミッドストラクチャは根拠にストーリー性を持たせるため、並列型よりも理屈っぽくなりますが、スキなくきちんと説得したいときに効果的です。たとえば、論文のように「あらゆる可能性を考慮したうえで、結論はこうなる」という場合は、解説型ピラミッドストラクチャが向いています。

解説型は、説得理由の論理展開を「事実→判断基準→判断内容」の順で並べます。

1つめの「事実」は、答えを導く判断材料となる事実やデータを根拠として提示するものです。2つめの「判断基準」は、聞き手も納得する客観的な判断基準です。並列型の説得理由（上から2段め）の3つの切り口は、この判断基準に該当します。

3つめの「判断内容」は、提示された事実と判断基準をもとに、答えが納得できるかどうかを判断するものです。判断をした結果が、結論や主張になります。

解説型ピラミッドストラクチャで説得ストーリーを作成する

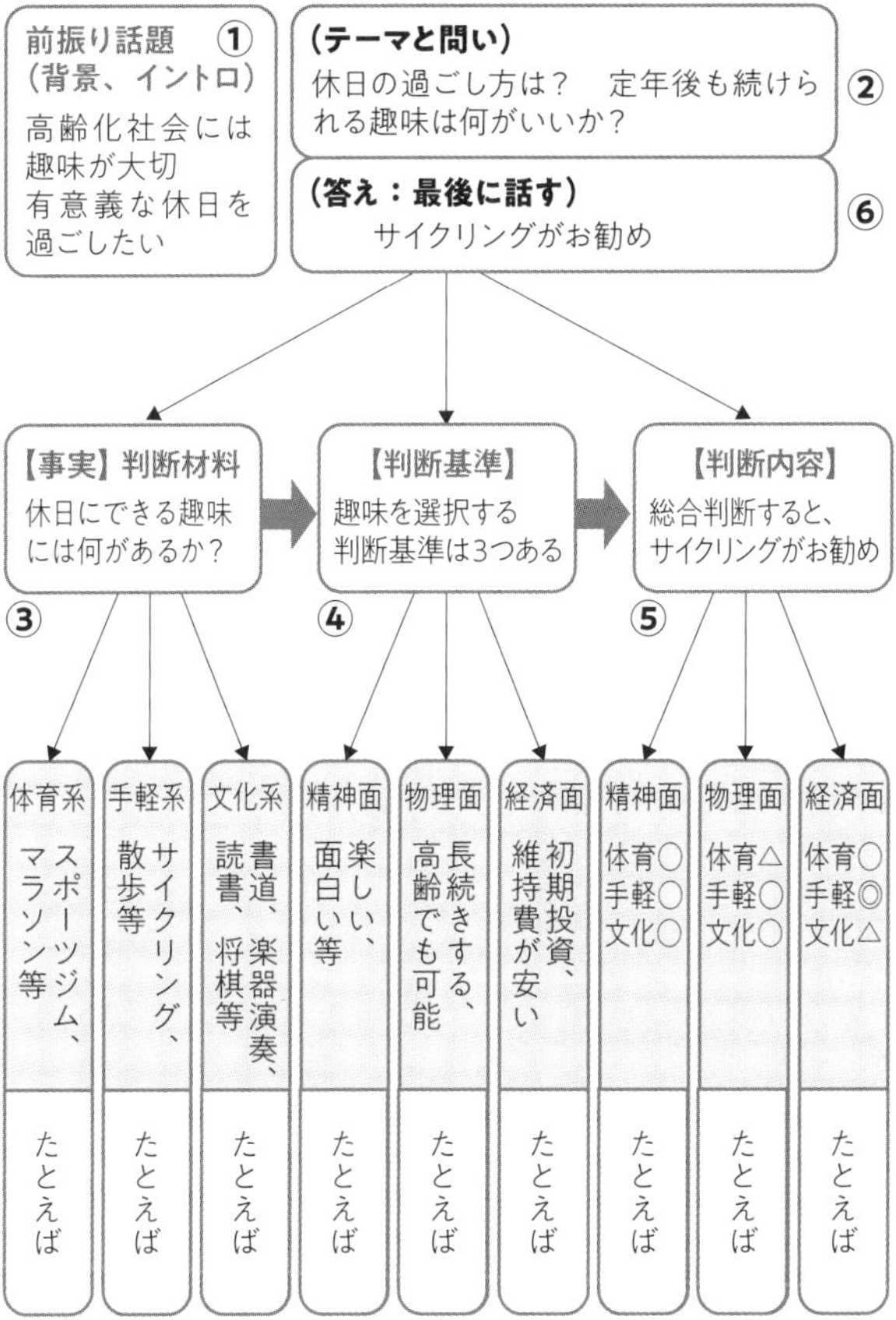

前振り話題 ①
（背景、イントロ）
高齢化社会には趣味が大切
有意義な休日を過ごしたい
（テーマと問い）
休日の過ごし方は？　定年後も続けられる趣味は何がいいか？
②
（答え：最後に話す）
サイクリングがお勧め
⑥
【事実】判断材料
休日にできる趣味には何があるか？
③
【判断基準】
趣味を選択する判断基準は3つある
④
【判断内容】
総合判断すると、サイクリングがお勧め
⑤
体育系
スポーツジム、マラソン等
たとえば
手軽系
サイクリング、散歩等
たとえば
文化系
書道、楽器演奏、読書、将棋等
たとえば
精神面
楽しい、面白い等
たとえば
物理面
長続きする、高齢でも可能
たとえば
経済面
初期投資、維持費が安い
たとえば
精神面
体育○
手軽○
文化○
たとえば
物理面
体育△
手軽○
文化○
たとえば
経済面
体育○
手軽◎
文化△
たとえば

根拠同士に論理ストーリーを持たせる

解説型ピラミッドストラクチャを作成するにあたり、まず「テーマと問い」「答え（主張や結論）」を考えます。「テーマと問い」とは、何について考えるかの「問いかけのテーマ設定」です。たとえば、「定年後も続けられる休日の過ごし方は？」と問いかけのテーマを決めます。その答えが主張や結論ですが、最後に話します。

最初に答えを話しても聞き手に違和感がなく、反発される心配がない場合は、並列型でシンプルに話しましょう。最初に答えを話すと聞き手に反発される場合、なぜその答えに至ったかを手順を踏んで説得する必要がある場合は解説型を選びましょう。他にも、答えと根拠のつながりが聞き手に伝わりにくいとき、話し手の考察や判断を示さないと答えを説得できないときに向いています。

「事実→判断基準→判断内容」の一連の流れが、論理ストーリーとして矛盾なくつながることが大切です。論理ストーリーが無理なく受け入れられるものでなければ、答えを説得するための根拠としては不十分です。並列型は根拠を羅列するだけですが、**解説型は根拠同士に論理ストーリーを持たせることで説得力が高まります。**

解説型ピラミッドストラクチャの話す順番を説明します。

189ページの図解では、まず「①イントロ」です。

続いて「②テーマと問い」です。①は話の導入ですから、②に関係しかつ聞き手の知っている話題にします。場が和んだら②のテーマと問いを伝えます。定年後も続けられる休日の過ごし方を考えてみましょう。

「③判断材料」では、休日にできる趣味の候補を3つ列挙します。1つめは体育会系、2つめは手軽系、3つめは文化系です。手軽系は体育会系と文化系の中間です。

次に「④判断基準」を確認します。事前に聞き手が納得する判断基準であるかの確認は必要です。判断基準に納得してもらえないと判断材料を評価しても説得力がありません。判断基準を精神面、物理面、経済面にしました。

「⑤判断内容」で、③と④を総合評価します。代替案を、精神面、物理面、経済面の3つの判断基準で評価した結果、サイクリングがお勧めとなりました。

Check **「事実→判断基準→判断内容」の順に論理展開する**

07 説得ストーリーは意思決定プロセスを応用する

解説型ピラミッドストラクチャの説得ストーリーはやや難しい内容でした。そこで、以前紹介した意思決定プロセスと関連づけて説得ストーリーを復習しましょう。

意思決定プロセスは代替案を3つ前後作成して、評価し決定する一連のプロセスです。解説型ピラミッドストラクチャも、「判断材料」として代替案を3つ作成します。そして「判断基準」で判断のための評価指標を確認し、「判断内容」で評価を下します。評価結果が答え（主張・結論）になります。

たとえば、「マンションで飼うお薦めのペットは」というテーマに対して、判断材料となる代替案として「小動物」「魚類」「犬猫」の3つをあげます。判断基準は「精神面」「物理面」「経済面」を提案します。代替案を評価基準に基づいて判断したところ、チワワなどの小型犬がお薦め、という評価結果がでました。

解説型のピラミッドストラクチャの書き方、話し方

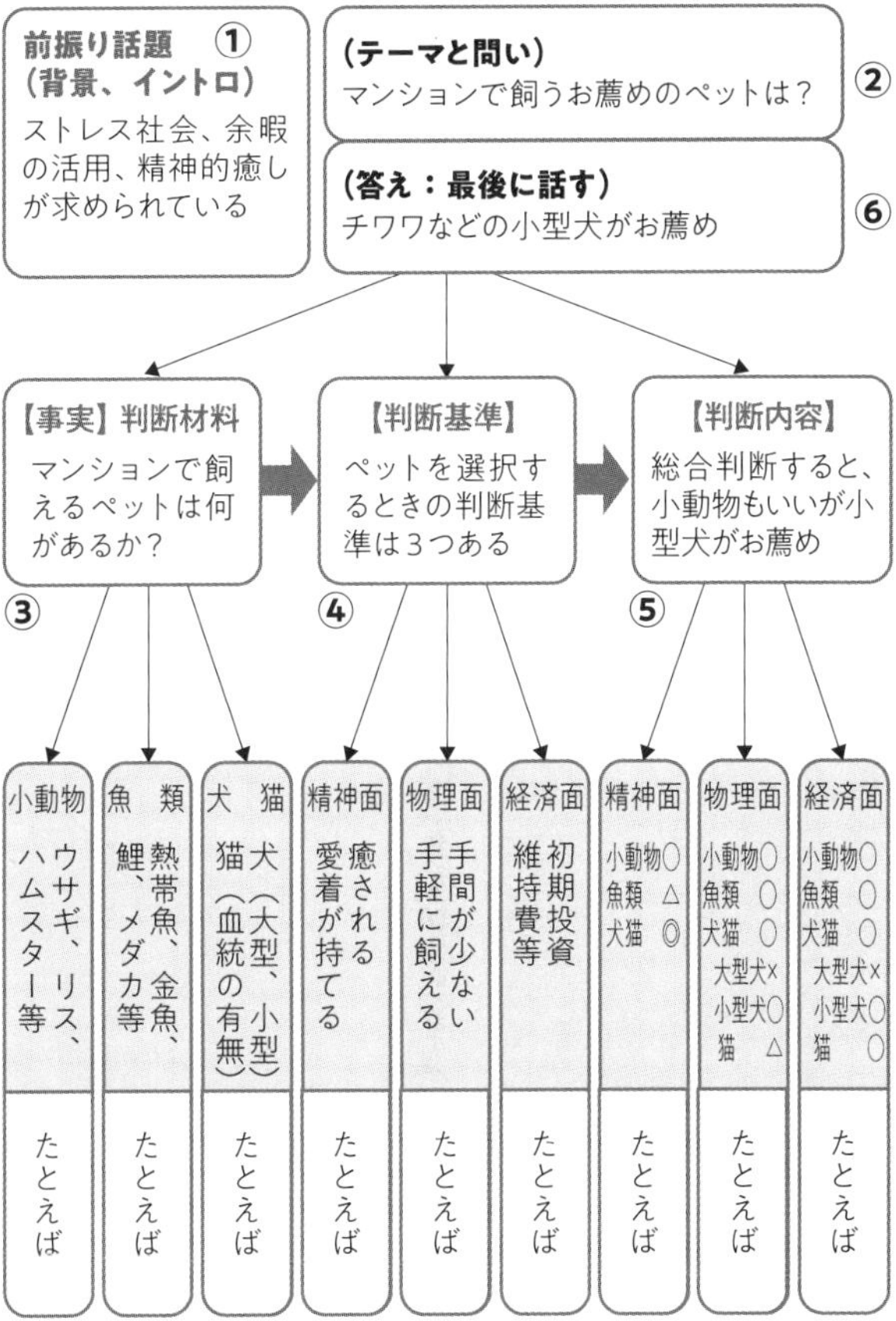
前振り話題　①
（背景、イントロ）
ストレス社会、余暇の活用、精神的癒しが求められている
（テーマと問い）
マンションで飼うお薦めのペットは？
②
（答え：最後に話す）
チワワなどの小型犬がお薦め
⑥
【事実】判断材料
マンションで飼えるペットは何があるか？
③
【判断基準】
ペットを選択するときの判断基準は３つある
④
【判断内容】
総合判断すると、小動物もいいが小型犬がお薦め
⑤
小動物
ウサギ、リス、ハムスター等
たとえば
魚　類
熱帯魚、金魚、鯉、メダカ等
たとえば
犬　猫
犬（大型、小型）猫（血統の有無）
たとえば
精神面
癒される愛着が持てる
たとえば
物理面
手間が少ない手軽に飼える
たとえば
経済面
初期投資維持費等
たとえば
精神面
小動物○
魚類　△
犬猫　◎
たとえば
物理面
小動物○
魚類　○
犬猫　○
大型犬×
小型犬○
猫　△
たとえば
経済面
小動物○
魚類　○
犬猫　○
大型犬×
小型犬○
猫　○
たとえば

判断基準を3つ用意する

解説型の説得ストーリーを復習してみましょう。193ページの図で、「①イントロ」から話します。ストレス社会を迎えて、精神的癒しが求められている状況を、聞き手が納得できる共通話題として話します。「②テーマと問い」は、マンションで手軽に飼えるペットは何がいいか、というテーマ設定です。

「③判断材料」として「小動物」「魚類」「犬猫」を代替案として列挙します。代替案の3つはミッシーになるように意識しますが、聞き手が求めていないものは削除できます。たとえば、ワニやイグアナなどの「は虫類」は特殊すぎるので省きます。「④判断基準」で、「精神面」「物理面」「経済面」の評価指標に聞き手の合意を得ます。精神面では、癒され感や愛着など、具体的な内容を伝えます。物理面では手軽さなどを伝えます。経済面は初期投資やエサ代等の維持費や医療費を考慮します。「⑤判断内容」では、③④を総合的に判断します。チワワは独身女性が飼っている事例をあげれば、説得力が高まるでしょう。総合的判断として、経済的には割高ですが、チワワがお勧めという答えにしました。

「⑤判断内容」において判断の仕方によっては、別の答えになる可能性があります。

たとえば経済面では圧倒的にウサギが有利です。「④判断基準」の3つの評価指標について、優先順位をどうつけるかで答えが変わります。たとえば経済面も重要だけど、お金をかけてもより精神面を重視するなら、チワワの説得力が高まります。

ミッシーを心がけることは論理思考の大原則ですが、ミッシーの次は優先順位です。「ミッシー→優先順位」が、限られた範囲で投資対効果を最大化する第一歩です。

シンプルに説明する並列型、手の込んだ説明の解説型の2つの説得ストーリーを紹介しました。文章を書くときにも2つの説得ストーリーは使えます。

文章を書いてから説得ストーリーを修正するのは極めてロスが大きいのです。そこでピラミッドストラクチャを作成して、説得ストーリーがうまくつながることを確認してから文章を書くと、短時間で文章を完成させることができます。

Check

事前の「説得ストーリー」の仕込みがプレゼン、文章の成否を決める

コラム5

何ごとも3つなら記憶できる

人間の頭には、一時記憶用のワーキングメモリの容量が3つあります。3つまでならワーキングメモリの容量に収まるので、メモなしでも記憶にとどめられます。新しい情報が1つ追加されると、ワーキングメモリの1つの記憶が置き換わります。そのため、一度に4つ覚えようとしても、どれか1つを忘れやすくなるのです。

ワーキングメモリは、あくまで短期的なメモリ（記憶）です。長期記憶は、何回も覚える努力をすれば、同時にたくさん記憶することはできます。

何ごとも3つに整理するというのは、人間のワーキングメモリの特性を使ったものなのです。3つだと違和感なく記憶に残ります。

ただし、自分にとって脅威なことが起きると、ワーキングメモリの容量が1つになることがあります。たとえば、上司から無理難題を言われて急に仕事が増えたとか、得意先からクレームが入ってパニックになったような精神状態のときです。

相手の心にゆとりがないときは、要点を1つに限定するのも一案です。たとえば「ルールを1つだけ守ってください」と言われれば、相応の責任感が湧いてきます。

第6章

ロジカルな企画書で新しい仕事を作る

01
仕事の質は企画書の完成度が9割

コンサルタントは1つの案件ごとに企画書を作成して、仕事の受注活動を行います。最終章では、プロのコンサルタントの企画書作成の技術を紹介します。現状に満足せず、新しい企画を立てて現状打破ができる人材をめざしている人には、大いにヒントになる内容が含まれていますので、ぜひ参考にしてください。

コンサルタントの仕事は、ビル建設工事などと同じように「一品受注生産」です。一つひとつの案件を受注してプロジェクト形式で進め、終われば解散です。

コンサルタントの案件は、アウトプットを伝えるのが難しい種類の仕事です。ビルの建設であれば、完成後のイメージをイラストで示すことができます。しかしコンサルティングの成果を視覚的に伝えるのは難しいのです。営業段階でクライアントの期待する内容と、自分のアウトプットにギャップがないかの確認が欠かせません。

プロジェクト企画書（計画書）の基本体系

ステップ		詳細ステップ	詳細ステップの内容
プロジェクト計画書	要件定義（何を実現したいのか？）	1.問題提起とテーマ設定	背景、目的・目標・対象範囲の明確化
		2.ガイドラインの明確化	前提条件、制約条件の明確化
		3.現状分析	解決策のヒント探し
		4.方針と成果物の明確化	アウトプットリスト、コンセプト（基本方針）
		5.プロジェクト案の作成	プロジェクト案の作成と評価決定
	実行計画（実現手段は？）	6.WBSとスケジュール	WBS（作業計画）とスケジュールの明確化
		7.推進体制と役割分担	組織と役割分担の明確化
		8.予算の作成	予算の積算と予算枠の承認
		9.推進上の留意点	リスク対策と留意点

› コンサルタントの引き合いから受注までの流れ

コンサルタントは作成する企画書の中に、アウトプットリスト（完了時点に納品する報告書一式のリスト）とＷＢＳ（ワーク・ブレークダウン・ストラクチャ：作業計画）を入れて、進め方と完了後の納品物を明らかにしています。こうすることでクライアントからの期待とのギャップを埋めることができます。

コンサルティング活動の始まりは、引き合い＝相談を受けることです。引き合いを受けるには、会社の信用、知名度、ブランド力が必要です。引き合いがあると、クライアントについて徹底して事前調査します。調査後に打ち合わせを行い、クライアントがどんな問題解決を求めているのかをヒアリング等で確認します。

1〜2週間以内に企画書を作成して、クライアントと打ち合わせをします。ニーズとのミスマッチを確認したら、1週間以内に改訂版の企画書の説明に行きます。2〜3回打ち合わせをして企画書の合意が得られたら、クライアントの上層部にプレゼンします。企画書は、この案件で「何を実現するのか」「クライアントは何が得られるのか」が明確に伝わるものでなければ説得力が生まれません。

企画書は、前半の要件定義部分と、後半の実行計画部分に分けられます。企画書は必ず目次を先に作成します。目次が先、内容は後です。目次段階で、各目次項目のページ数を何ページにするかも決めておきましょう。

要件定義の目次例をご紹介します。

あくまでたたき台ですが、「1．背景（問題提起）」「2．テーマ設定（目的、達成目標、対象範囲）」「3．前提条件と制約条件」「4．プレリサーチ（現行システムの問題点）」「5．改革のコンセプト」「6．アウトプットリスト」「7．改革の全体像（改革後のあるべき姿）」「8．改革案の詳細（個別システム）」の8項目です。

実行計画の目次例は次のとおりです。「9．WBS（作業計画）とスケジュール」「10．プロジェクト体制図」「11．プロジェクトの予算計画」「12．リスクマネジメント」「13．推進上の留意点」の5項目です。

Check

コンサルの仕事は企画書作成から始まる。まずは目次を固めよう

02

1枚で全体像を要約する「テーマ設定シート」

企画書はどれくらいの枚数になるのでしょうか。案件の規模や期間によっても異なりますが、企画書の本文（要件定義＋実行計画）で30ページ以上、参考資料50ページ以上が標準的なところです。コンサルタントが案件を受注するためには、テーマに関するリサーチ情報などの参考資料を大量に添付する場合があります。

企画書を完成するまでにはかなりの情報収集が必要です。コンサルティングファーム（会社）では、リサーチ情報、他社事例を大量に収集、データベース化しています。企画書を修正する場合、特に方針レベルの変更があると何ページにもわたって修正が発生することがありますので慎重な確認が必要です。**修正を最小化しつつ、全体像を把握するために効果的なのが、「テーマ設定シート」を事前に作成することです。** このシートは企画書の要約文で、1枚に収めます。

› テーマ設定シートの書き方　その①

テーマ設定シートの段階では、修正するのが極めて簡単です。

テーマ設定シートのフォーマットには、主な目次項目を入れておきます。すべての目次項目を書き込む必要はありませんが、主要な項目はフォーマットに入れましょう。テーマ設定シートのひな型があれば、ゼロから目次を考える手間を省けます。

お勧めのテーマ設定シートのひな型をご紹介します。９つの枠を使います。

「1.背景（問題提起、現状データ、基礎情報）」の枠です。なぜこの提案が必要なのか、大義名分を伝えます。問題提起であり、現状の悪さ加減を大まかに紹介します。専門的な内容ならば、共通知識として情報共有するために基礎情報を加えます。

「2.目的（目的、達成目標、対象範囲）」の枠です。目的は「～のために～する」と表現し、達成目標として目的に数値目標を加えます。対象範囲も定義します。

「3.前提条件、制約条件、現状分析」の枠です。前提条件は、本企画に関する確認事項や決めごとです。制約条件は、外部要因から制約される条件です。現状分析には、特に伝えておきたい状況を伝えます。残りは参考資料に回します。

所属：IoT家電開発部	氏名：

5.企画提案の概要（全体像、達成後のあるべき姿）

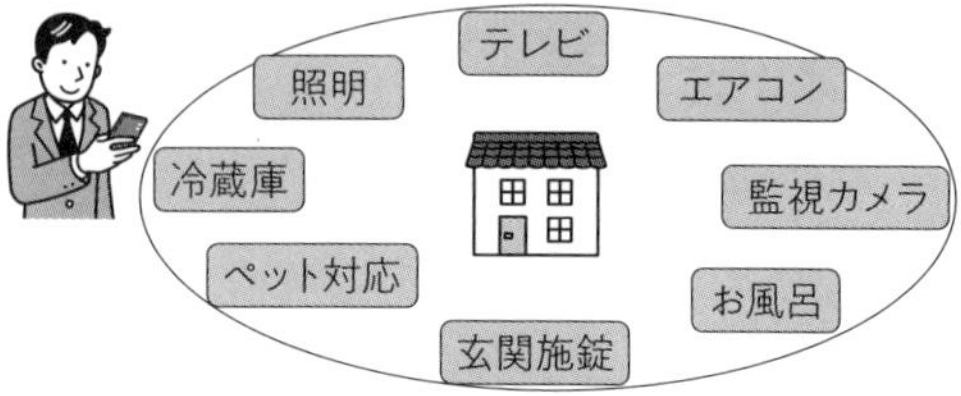

家の外からスマホでワンタッチ操作
家の中では座ったままでラクラク操作

6.企画提案の詳細（企画案の具体化、達成後の詳細）

【機能1】留守宅のセキュリティー向上支援機能
・泥棒対策のための監視カメラ　・異常時のアラーム機能支援

【機能2】操作性を向上させるシンプル機能
・音声操作機能　・操作のパターン化登録機能

【機能3】スマホのセキュリティ対策
・なりすまし操作防止機能　・持ち主の音声識別機能
・操作ミス検知機能

【機能4】ペット対応機能の充実
・見守り機能　・餌やり機能　・声かけ機能

7.投資対効果	8.スケジュール	9.推進体制（組織図、構成員）
5億円の開発投資により、年間300億円以上の売上向上をめざす。 さらに販売価格の20%アップによる利益率向上を実現する。	来期の年度内に1号機を出荷する。 詳細スケジュールは別途作成する。	統括オーナーはスマート推進本部長 ・スマート推進本部　6名（リーダー指名） ・デジタル家電部門　3名 ・白物家電部門　3名

「テーマ設定シート」のフォーマット

テーマ設定シート	テーマ名：スマート家電開発プロジェクト

1.背景（問題提起、現状データ、基礎情報）

・家電単体での付加価値向上の限界
・画期的なコンセプト商品の不在による売上低迷
・システム商品化、スマート化の潮流
・スマホ、IoT（Internet of Things）の普及
・省エネと便利さの両立のニーズ大

2.目的（目的、達成目標、対象範囲）

(1) 目的

スマホとIoTを連動した家電開発の推進により、当社のスマート家電としてのブランドを確立する

(2) 達成目標

①品質：スマホ連動で操作性が飛躍的に向上
②コスト：開発予算５億円
③納期：来期４月１日～12月20日

(3) 対象範囲

デジタル家電と白物家電（計８機種）

3.前提条件、制約条件、現状分析
（企画における確認事項、基礎的なデータ共有）

・スマホで家電を遠隔操作できる機能を搭載する
・音声認識をして、音声での操作も可能にする
・デジタル家電と白物家電事業部の全面協力が不可欠
・ネット販売可能なマーケティング戦略の構築
・システム連携で全家電を当社製の買い換えを促進
・２人以上で居住している場合のプライバシーを配慮する

4.コンセプト（基本方針）

IoT技術を利用したスマート家電により、顧客の生活快適性を画期的に向上させる。

3S（スマホ、シンプル、セキュリティ）

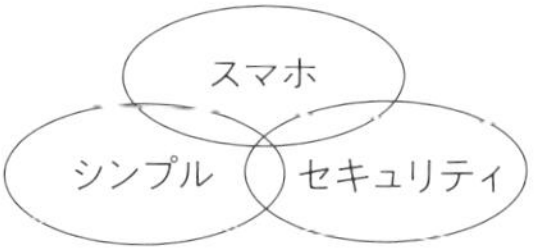

› テーマ設定シートの書き方　その②

「4．コンセプト（基本方針）」の枠です。コンセプトは、目的を達成するための基本となる考え方です。コンセプトはアイデア勝負で、コンサルタントの腕の見せ所です。アウトプットリストもスペースに余裕があればテーマ設定シートに入れます。

「5．企画提案の概要」の枠です。「この提案で何を実現するのか。達成後の状態」を伝えます。改革や問題解決の達成後の全体像を示すところです。

「6．企画提案の詳細」は、「5．企画提案の概要」をより具体的に伝えます。個別システム（サブシステム）を具体的に伝えるので、最低5～6枚を作成します。

「7．投資対効果」の枠です。投資額、回収額、投資の収支などを明らかにします。

「8．スケジュール」は開始と終了を明らかにし、大まかな作業計画を示します。

「9．推進体制」は意思決定者、リーダー、関係部門、人数規模などを示します。

テーマ設定シートの段階なら修正もしやすいので、アイデアを練っておきます。

Check　テーマ設定シートで十分に準備してから、企画書に落とし込む

03 企画書①　問題提起とテーマ設定を定義する

社内プロジェクトでの企画書作成の場合は、パワーポイントで20枚前後、部内プロジェクトのような小規模プロジェクトでは、ワードで作成する場合もあります。

企画書では5W2Hを明確化することが基本です。

なぜそのプロジェクトが必要なのか、その理由（Why）を明確にします。そして目的（What）を明らかにします。それから対象範囲（Where）、納期（When）、誰がやるのか（Who）を決めます。5Wが明確になったら、2Hのどんな方法で（How to）、予算はどれくらいで（How much）やるのかを明らかにします。どれか1つが欠けても、計画として不十分になります。

企画書の最初は、問題提起とテーマ設定（目的、達成目標、対象範囲）から作成するのです。テーマ設定で、目的や達成目標を定義していきます。

「なぜその企画が必要なのか」をアピールする

企画書のスタートは、問題提起から始まります。「なぜこの企画が必要なのか」という大義名分を明らかにするのです。

目次タイトルは、背景、または問題提起とします。背景は軟らかい表現、問題提起は危機感をあおる強めの表現です。コンサルタントは背景よりも、クライアントの危機感をあおる問題提起という目次タイトルを好みます。

問題提起は、「何とか現状を打破したい」「放置しておけない」という状況の説明です。前向きに捉えれば「ビジネスチャンスをものにしたい」ということです。

クライアントがコンサルタントに相談するのは、どちらかというと後者の「何とか現状を打破したい」という状況が多いようです。わらをもつかむ気持ちから、外部の力を借りて乗り越えようとします。

何か新しいことを社内で始めるためには、大義名分が必要です。「なぜ今、必要なのか」「放置していたら大変なことになる」という理由が明確であれば、企画の

問題提起とテーマ設定

背景（問題提起）	●何とか現状を打破したい（放置できない事態） ●ビジネスチャンスをモノにしたい（今しかない）

テーマ名	スマート家電開発プロジェクト

目的	プロジェクトがめざすべきゴールを明確にする （「○○のために○○○をする」）
	●迷ったときに立ち返るプロジェクトの拠り所 ●わかりやすい表現（単純明快）

達成目標	目的をさらに数値化して、定義したもの プロジェクトで達成すべき目標
	QCD の3つの要素を入れる ●品質（Q;Quality）：達成すべき性能や品質レベル ●コスト（C;Cost）：費用の上限はいくらか ●納期（D;Delivery）：いつまでに達成すべきか

対象範囲	プロジェクトの対象範囲 周辺業務との境界線も明確にする
	●会社（複数の企業が関わる場合） ●国内／海外　●事業部／商品群 ●地域／地方拠点／本支店

必要性を説得できます。また、推進メンバーに選ばれた人たちも会社にとっての必要性が認知されていれば、参画意識がより高まり改革の求心力となれるのです。

テーマ設定は、「目的」「達成目標」「対象範囲」を決めることです。

目的は、「〜のために〜する」という表現を使います。たとえば、家電メーカーが新商品を開発するテーマで考えてみましょう。目的の例を「スマホと連動した家電開発の推進により、スマート家電としてのブランドを確立する」とします。

目的は、迷ったときに立ち返るプロジェクトの拠り所です。複雑な表現は覚えきれないのでわかりやすい表現にします。迷ったら目的に戻り、方向性を確認します。

ただし目的だけだと、数値がないので抽象的な定義になります。そこで目的をさらに数値化して定義した「達成目標」を定義します。達成目標がプロジェクトのゴールであり、着地点です。達成目標をさらに分解すると、ＱＣＤ、品質（Quality）、コスト（Cost）、納期（Delivery）になります。それぞれ数値を入れましょう。

対象範囲は、企画書が担当する範囲を定義して、どこまでかを明確にします。

Check

企画の必要性を訴え、テーマ設定を決める

04

企画書②　企画を進めるうえでの確認事項

テーマ設定に続いて、ガイドラインとして前提条件と制約条件を確認します。

前提条件とは、企画の前提となる条件で、企画における決めごとすべてです。継続している日々の業務活動では、「言わなくてもわかる」という暗黙の前提条件があります。わざわざ文書化して確認しなくても大きな問題は起きません。しかし企画はプロジェクト方式で進めますから、暗黙の前提条件（決めごと）がありません。曖昧な認識を放置しないで、文書化して関係者と基本事項の確認を行います。

制約条件は、社内では変更が難しく、企画の足かせとなる条件です。法規制が代表例です。社内では変更できない条件を事前に把握しておきます。これは、法規制に触れるなどの理由で途中から変更を求められるのを防ぐためです。前提条件と制約条件は企画を進めるためのルールの確認といえます。

プレリサーチの効用とアウトプットリスト

企画書を作成するためには、ある程度の事前情報やヒントが必要です。たとえば、企画に関係するクライアントの問題状況、業界の動向、財務情報などです。そこで企画書作成段階で、プレリサーチ（事前調査）を行います。

顧客ニーズ調査、市場動向調査、競合分析、外部環境分析、定量的なデータ収集などを必要最低限、行います。よりよい企画のヒント探しと企画書作成が目的ですから、重要度が低いリサーチは企画が承認されてからにします。

企画書段階で、「本企画で何を実現するのか」を仮説でもいいので、着地点の「あたり」をつける必要があります。クライアントは、企画書から「本企画で何を実現するのか」を知りたいのです。ビジネスですから、「企画を承認してくれないと、何ができ上がるかわかりません」では、企画は承認されません。

プレリサーチによって現状の問題点の共通認識を持てます。また、企画段階で現状の悪さ加減を把握しておかないと、改革前と改革後の効果測定ができません。

アウトプットリストの作成
（完了時点で何ができあがればいいか）

1．ニーズリサーチ報告書（80ページ）

（1）便利機能のニーズ調査報告書

（2）対象家電の候補調査報告書

（3）スマート家電の競合調査報告書

（4）ニーズの優先順位報告書

2．家電の開発計画書（200ページ）

（1）対象家電の絞り込みリスト

（2）ＩｏＴ仕様書

（3）ネットワーク仕様書

（4）家電搭載機能仕様書

3．マーケティング戦略提案書（100ページ）

（1）ターゲット市場の明確化

（2）４Ｐ戦略の提案書

4．開発予算計画書（50ページ）

（1）予算計画書

（2）採算性評価書

企画段階で、アウトプットリスト（成果物リスト）を作成します。

企画が完了した時点で、何ができ上がっているかがアウトプットリストです。アウトプットリストには「○○書」「完成品」「サンプル」「試作品」などが候補としてあげられます。

２１３ページの図を見てください。

「1．ニーズリサーチ報告書（80ページ）」「(1)便利機能のニーズ調査報告書」「(2)対象家電の候補調査報告書」等が記載されています。箇条書きで表現し、２階層に分けて表現すると、コンパクトに整理できます。

括弧書きで「(80ページ)」など、分量がわかる数値を加筆するのもコツです。作業量の予測、予算の見積もりにも役立ちます。企画段階でアウトプットリストの承認を得ておけば、全てのアウトプットが作成した時点で堂々と完了宣言ができます。

アウトプットリストは、数値目標よりもゴールを具体化したものです。ゴールが具体的なほど、余分なアウトプットを作成するロスも減らすことができます。

Check **プレリサーチで問題を把握し、アウトプットリストで成果を見える化**

05 企画書③ コンセプトと解決策を明確にする

次に、コンセプト（基本方針）、解決策の全体像、解決策の詳細を加えます。

まず、あらゆる企画で最も重要なコンセプトを明確化します。コンセプトは直訳では「概念構成」ですが、ちょっとピンときませんね。

コンセプトは「目的を達成するための基本方針」と捉えておきましょう。

コンセプトを聞いた人が「シンプルで単純明快ながら、目的達成に期待が持てる方針だな」と感じれば、それは素晴らしいコンセプトです。企画の進むべき道に、目的地が明確な高速道路が現れるようなコンセプトの確立をめざしましょう。

コンセプトは目的達成（問題解決）の方向性を示すものなので、単純明快であることが大切です。最も使われる手法は「語呂合わせ」です。スマート家電開発の例では、「3S（スマホ、シンプル、セキュリティ）」で語呂合わせしています。

解決策を1枚で示す

コンセプトだけでは具体性が十分伝わらないので、本企画で実現する解決策の全体像を1枚で表します。スマート家電開発の例では、スマホで操作可能にする家電や対象物を1枚の図解でその全体像を示しています。

論理思考は「マクロからミクロに考える」でした。マクロ（全体）から考えることで死角をなくすことができます。全体がわかっていて、全体と部分の関係が整理できていれば、部分に着手したときにどのあたりにいるか、迷子になりません。

1枚で全体像を表すと、全体像が短時間で相手に伝わるメリットがあります。デメリットは、詳しいことがわからないことです。そこで数ページにわたって詳細案を作成します。

情報システムの企画書で考えてみましょう。全体像（全体概要）は、情報システム全体であり、システム概念図のようなものを作成します。詳細案は、販売管理システム、財務管理システム、物流在庫システムなど、サブシステム（個別システム）ごとに情報システムの機能や完成イメージを作成します。

コンセプトの明確化

IoT技術を利用したスマート家電により、
顧客の快適空間を画期的に向上させる

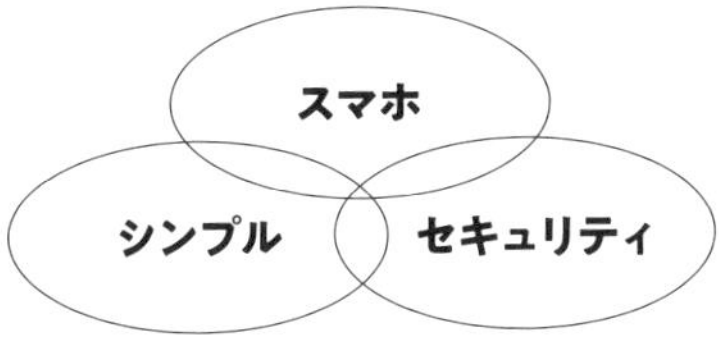

3S（スマホ、シンプル、セキュリティ）

企画の全体像

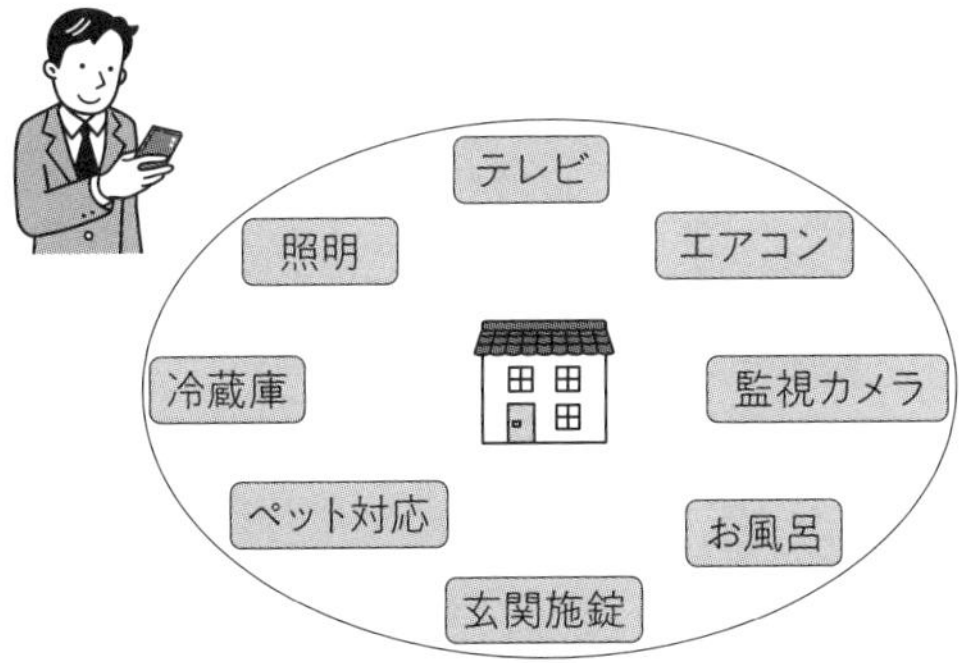

家の外からスマホでワンタッチ操作
家の中では座ったままでラクラク操作

「マクロからミクロに考える」は、論理的な資料作成にも適用できるのです。
解決策の詳細案は最低5～6ページ欲しいものです。詳細案の枚数が多いほど、「何を実現したいのか」を具体的に伝えることができます。

なぜ企画段階で、詳しく完成後のイメージを作成すべきなのか、疑問に思うかもしれません。身近な例で考えましょう。みなさんが買い物をするとき、「お金を払ったら、何が手に入るのか」は最大の関心事だと思います。コンサルティングの場合は金額が何千万円にもなる場合が多々あります。企画段階で何が手に入るのかがわかって初めて意思決定ができます。

社内の企画書提案においても同様です。部下が「予算をください。何ができ上がるかわかりませんが自信はあります」と言っても、予算は承認できないでしょう。

企画書では可能な限りの枚数、解決策の詳細案を作成します。枚数が多すぎる場合は要旨を数ページだけ企画書の本文に入れて、参考資料として巻末に添付します。

Check

目的を達成するための基本方針を明確にして、解決策も提案する

06

企画書④　作業計画を立て、スケジュールを作成する

前半の要件定義ができたら、実行計画を作成します。実行計画の項目は、「作業計画」「スケジュール」「推進体制」「リスクマネジメント」「推進上の留意点」です。**作業計画とスケジュールは、一覧できる形で統合すると見やすくなります。左側に作業計画、右側にスケジュールを矢印で引きます。**

推進体制は、責任と役割体制を組織図として図解します。意思決定者であるオーナー、実行の責任者であるリーダー、メンバーなどを組織図にします。

リスクマネジメントは計画段階で実施しますが、実行段階でも定期的に実施します。推進上の留意点は最後に1枚作成して、企画書の最終ページにします。推進上の留意点を1枚入れると企画書の最後がまとまり、質疑応答にも役立ちます。聞き手や読み手の心配ごとを箇条書きにして、「こうすれば解決できる」と書くのです。

レベル1		レベル2		4月	5月	6月	7月	8月	9月	10月	11月	12月
500	IoTの仕様設計	510	IoT共通機能の仕様設計					→				
		520	IoT個別商品の仕様設計					→				
		530	通信機能の仕様設計					→				
		540	アプリの仕様設計					→				
		550	セキュリティの仕様設計					→				
600	商品開発	610	全体商品のシステム設計					→	→			
		620	個別商品の機能定義						→	→		
		630	個別商品のIoT設計						→	→		
		640	通信機能設計						→	→		
		650	アプリ設計							→	→	
		660	セキュリティ設計							→	→	
		670	通信モジュールテスト								→	
		680	中間報告②								→	
700	事業性評価	710	売上シミュレーション									→
		720	人件費積算									→
		730	材料費積算									→
		740	諸経費積算									→
		750	採算性評価									→

作業計画とスケジュール

レベル1		レベル2		4月	5月	6月	7月	8月	9月	10月	11月	12月
100	推進体制確立	110	プロジェクトチーム編成	→								
		120	プロジェクト要件定義	→								
		130	プロジェクト発足会	→								
200	リサーチ	210	市場動向分析	→	→							
		220	顧客ニーズ分析	→	→							
		230	家電シェア分析	→	→							
		240	競合分析	→	→							
		250	社内技術分析	→	→							
		260	技術動向分析	→	→							
		270	提携先企業分析	→	→							
300	商品コンセプト	310	開発コンセプトの明確化		→	→						
		320	IoTコンセプトの明確化		→	→						
		330	差別化戦略の明確化		→	→						
		340	ブランド戦略の明確化		→	→						
		350	商品ラインナップ		→	→						
		360	主要機能の定義		→	→						
400	商品企画	410	商品全体構成の立案			→	→					
		420	個別商品仕様の立案			→	→					
		430	技術提携戦略の立案			→	→					
		440	マーケティング戦略立案				→					
		450	新ライフスタイル提案				→					
		460	商品仕様の評価				→					
		470	中間報告①				→					

作業計画（WBS）は階層分けがポイント

作業計画は、実行計画の要となるものです。**ロジックツリーを使って作成した作業計画を、WBSといいます。**

ロジックツリーは、大小関係や因果関係で、レベル1（大分類）、レベル2（中分類）、レベル3（小分類）というように階層に分けて整理します。

スケジュールの左側の項目はWBSを配置し、右側に矢印でスケジュールを表します。WBSはレベル3まで分解すると、具体的にイメージできる作業項目にできます。スケジュールの場合はコンパクトなサイズにするため、レベル3をカットし、レベル1とレベル2を左側に配して、右側に矢印でスケジュールを引きます。

WBSの作成のコツは、レベル1を時系列で大きく捉えること。たとえば、「リサーチ－企画（仕様設計）－設計（基本設計、詳細設計）－実施（開発、製造、運用）」と、時系列で並べます。レベル2以降は、専門分野で分解します。専門分野とは、生産、販売、物流、財務、人事など、会社の組織や業務機能です。ハードウェアを開発する場合、ユニットごとに分割すると使いやすいＷＢＳが作成できます。**ＷＢＳは、コンサルタントにとって先読み技術の１つです。さらに所要時間を先読みするために、ＷＢＳの右側に矢印でスケジュールを引きます。**

スケジュールの時間軸は、日次、週次、月次が使われます。一般的には、週次や月次を使います。しかし、「納期があと２カ月後に迫っている、間に合いそうにない」と切羽詰まった状況になったときには、日次で詳細スケジュールを引き直します。スケジュールを矢印で引く手法を、ガントチャートといいます。

スケジュールに役割分担を加えることもできます。左側のＷＢＳ項目、右側のスケジュール表の間に１列挿入して、役割分担を記入します。

計画段階で、作業計画、役割分担、スケジュールが明確化されていると、企画承認後にスタートダッシュをかけることができます。メンバー各自がやるべきことが明確であれば、手分けして一斉に作業を開始できます。

Check

作業計画とスケジュールのガントチャートで万全の実行体制を敷く

07 企画書⑤ 推進体制の決定とリスクマネジメント

推進体制を明確化するために、組織図を作成します。組織図は、個人名まで明記することで、企画承認後のメンバー集めをしやすくします。

組織図のひな型は、最上段にプロジェクトオーナー（意思決定者）を置きます。オーナーは本企画の意思決定者です。プロジェクトの最高責任者が誰なのかを決めて、意思決定の権限を与えておく必要があります。

オーナーが不在や曖昧な場合は、プロジェクトのステークホルダー（利害関係者）たちが、「こうした方がいい」と自分勝手にプロジェクトに要求を突きつけます。その結果、当初の企画書の目的がゆがめられ、ステークホルダーたちのわがままに翻弄されてしまいます。企画の一貫性を維持するためにも、オーナーが責任を持って、企画書に書かれた要件定義を達成できるよう、一貫性がある方向に導きます。

› ステアリングコミッティとWGで実行が円滑に進む

ステアリングコミッティ（ステアリング委員会）は、意思決定の支援機関です。

あくまで支援機関であり、方向性を決定するためのハンドルを切るのはオーナーです。ステアリングコミッティには主要なステークホルダーを参画させ、プロジェクトの責任を担うと同時に、方向性をかき乱す反乱を抑え込む役割も果たします。

事務局をリーダーの業務支援に任命することも効果的です。プロジェクトを実行すると、議事録の作成、会議室の確保、物品購入や予算管理、事務連絡など、庶務的な業務が膨大に発生します。そこで事務局に庶務を任せるのです。

事務局は兼務でもいいので任命します。

フットワークがいい若手、明るい性格でコミュニケーション力がある若手を任命するのがよいでしょう。プロジェクトの雰囲気が明るくなり、情報交換が活性化します。リーダー育成の訓練としても、事務局での経験は貴重です。プロジェクト全体の動向が把握できる役割を担うからです。

推進体制

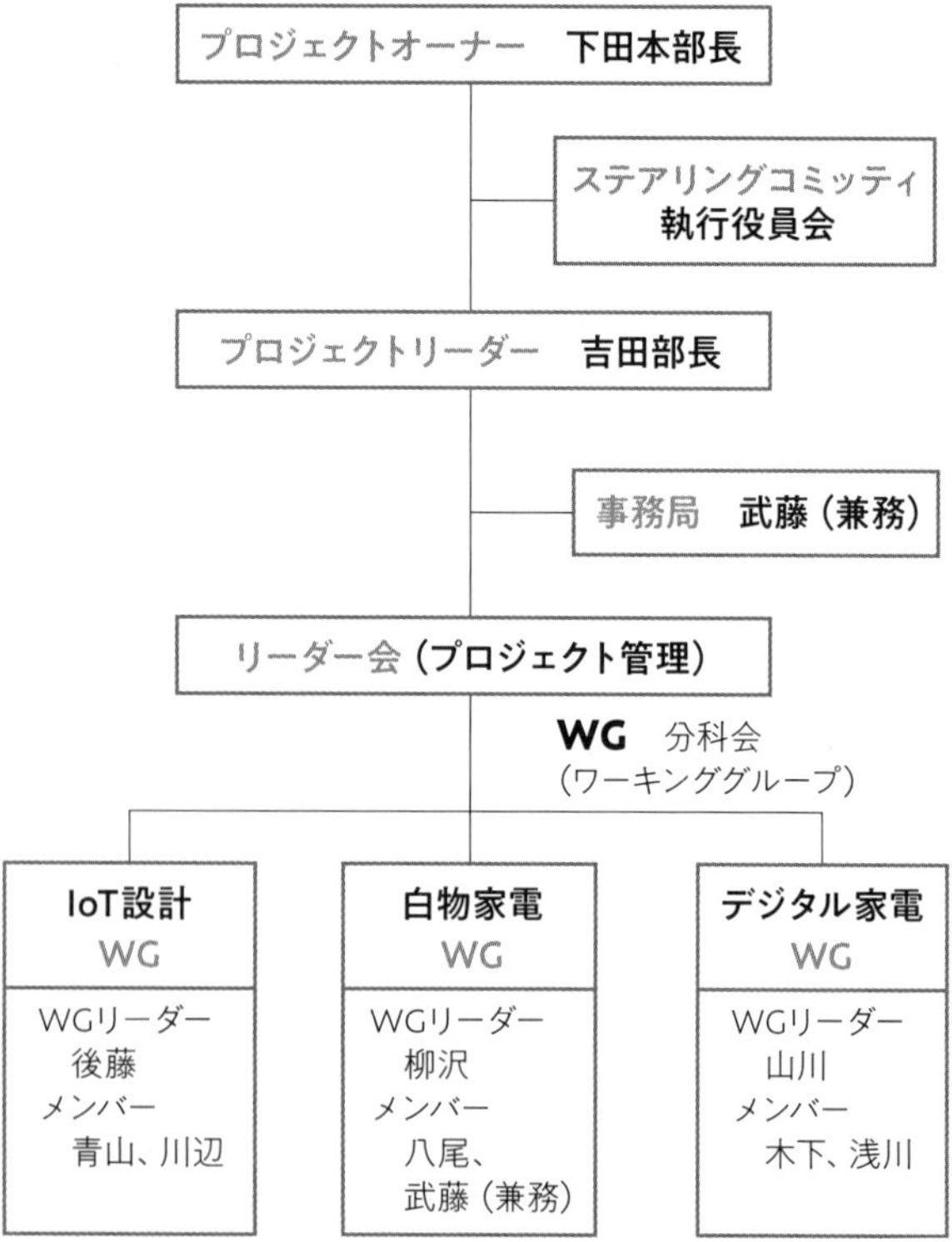

- プロジェクトオーナー（意思決定者）を明確化する
- ステアリングコミッティ（意思決定の支援機関）を設置する
- 大規模プロジェクトではWG（分科会）を設置する

リスクマネジメント

リスクの洗い出し	リスク評価	リスク低減策（損失発生の予防対策）	緊急時用対策（損失発生に備えた事前準備）
部門間の協力関係と連携が上手くいかない	8	全社プロジェクトに位置づける	オーナーの社長が声がけする
IoT技術不足が顕在化して開発が進まない	6	他社の先行技術を積極的に採用	技術提携先の候補を探しておく
他社との差別化が難しい	4	ー（※対策しない）	ー
開発コストが予想以上に膨らみ予算超過	10	予算計画を念入りに実施	予備予算を確保する
IoT搭載の機能が多くなりすぎる	7	必須機能か否かを区別する	機能を絞り込む意思決定
スマホのアプリ開発に時間がかかる	5	アプリ開発の技術者を入れる	技術者を補充する予算を確保
マーケティングで製品の魅力が伝わらない	9	シンプルな製品コンセプト	予備予算の確保
半導体不足で市場投入が遅れる	3	ー	ー
通信障害時に操作ミスや操作が困難になる	4	ー	ー

大規模プロジェクトでは、WG（ワーキンググループ：分科会）を設置します。WGは一般的には、専門分野で分割していきます。

最後はリスクマネジメントと推進上の留意点の明確化です。リスクマネジメントは、227ページの表を参考にしましょう。

表の左側の列は、リスク項目を列挙します。その右側にリスクの評価を、5段階か、10段階で記入します。

中央部は、リスクを低減させる対策を記入します。損失の発生確率を減らすためには、リスク自体を低減します。たとえば、「部門間の協力関係と連携が上手くいかない」というリスク低減のために「全社プロジェクトに位置づける」という対策を考えました。事前に対策を実施しておけば、リスクを低減できます。

右側には、緊急時用対策を記入します。いざというときの奥の手を準備します。

推進上の留意点は、1枚だけ作成して最終ページにします。企画で聞き手や読み手が気になることを箇条書きで列挙し、解決策まで書くと相手を安心させられます。

Check

プロジェクトオーナーを筆頭に組織図を固め、推進体制を作る

コラム6 コンサルタントの究極の仕事とは？

超一流のコンサルタントの仕事とは何でしょうか？

① 5～10年先の問題解決を、他のコンサルタントよりも早く提案すること
② クライアントの問題点を次々と見つけて、何年間も契約を更新すること
③ コンサルタント自身が、クライアントにとって不要な存在となること

さて正解はどれでしょうか？ 答えは③です。

①は、5～10年先の問題解決の提案ですが、クライアントにとっては関心がありません。目に見える成果を上げるには、1～2年先を先取りした提案が効果的です。

②は、何年間も契約を更新し、クライアントは高額の報酬を払い続けなくてはなりません。コンサルタントが必要なのはクライアントが自立していない証拠です。

③は、クライアントが自立して、自ら改革を推進できるようになれば、コンサルタントは不要だということです。

成長したクライアントを喜んで手放すコンサルタントこそ、超一流なのです。

本書は、小社より刊行した単行本を文庫化したものです。

西村克己（にしむら・かつみ）
　1956年、岡山市生まれ。1982年東京工業大学「経営工学科」大学院修了。富士フイルム株式会社を経て、90年に日本総合研究所に移り、主任研究員として民間企業の経営コンサルティング、講演会、社員研修を多数手がける。2003年より芝浦工業大学大学院教授、08年より同大学院客員教授。現在、株式会社ナレッジクリエイト代表取締役。専門分野は、ロジカルシンキング、経営戦略、戦略思考、プロジェクトマネジメントなど。
　主な著書に、『1分間ドラッカー』『1分間コトラー』（以上、SBクリエイティブ）、『ゼロから始めるプロジェクトマネジメント大全』（大和出版）、『決断の速い人が使っている　戦略決定フレームワーク45』（学研プラス）、『世界一わかりやすい　ポーター博士の「競争戦略」の授業』（かんき出版）、『深く考え、わかりやすく伝える力が身につく　論理思考大全』（PHP研究所）、『戦略思考が身につく 問題解決トレーニング』（イースト・プレス）など著書120冊以上。

知的生きかた文庫

できるコンサルタントがしている ロジカルシンキングの技術《ぎじゅつ》

著　者　西村克己《にしむらかつみ》
発行者　押鐘太陽
発行所　株式会社三笠書房
〒一〇二-〇〇七二　東京都千代田区飯田橋三-三-一
電話〇三-五二二六-五七三四〈営業部〉
　　〇三-五二二六-五七三一〈編集部〉
https://www.mikasashobo.co.jp
印刷　誠宏印刷
製本　若林製本工場

ISBN978-4-8379-8751-2 C0130

C50435

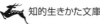